創価学会

田原総一朗

毎日文庫

はじめに

私が東京12チャンネル（現・テレビ東京）のディレクターとして、初めて創価学会を取材したのは、1964（昭和39）年の夏から秋にかけてであった。

この年は、言ってみれば日本のあり方が大きく変化した年だった。4月に日本はIMF（国際通貨基金）8条国となり、OECD（経済協力開発機構）に公式加盟、国際社会で先進国としての地位を確立した。池田勇人首相が謳う高度成長が予想以上の速度で進み、7月には自由民主党総裁選挙でライバルの佐藤栄作を破って3選を果たした。9月には名神高速道路の一宮―西宮間が開通し、10月にはアジアで初めて開催される東京オリンピックに間に合わせて東海道新幹線が開業した。

1960（昭和35）年に創価学会の第3代会長に就任した池田大作が舵取りを任されたのは、まさに高度成長期まっただ中の時代のことだった。

まず池田が目標に掲げたのが、1964（昭和39）年までに会員を300万世帯にすることだったが、1962（昭和37）年11月に早くも達成。さらに、1972（昭和47）年までに600万世帯に倍増させるという次の目標まで掲げていた。

私が創価学会を取材したいと思ったのは、高度成長期の日本において、年間約100万世帯と破竹の勢いで会員が増え続けている仕組み、要因をつかみたかったのと、創価学会が謳い上げている「人間革命」なるものの、いわば正体を見定めたかったからである。およそ「革命」とは、フランス革命、ロシア革命などに代表されるように、血塗られた暴力に彩られている。果たして創価学会の〝人間革命〟にもそうした匂いが漂っているのだろうか。

政治に目を向ければ、池田が会長に就任した翌年の1961（昭和36）年に公明政治連盟が発足し、1964（昭和39）年11月17日には公明党が結成された。その後、公明党は順調に議席を増やし、1965（昭和40）年には11人の参議院議員が誕生。1967（昭和42）年の衆議院選挙では、いきなり25人を当選させる。当時、創価学会が掲げていた「国立戒壇」に対する警戒の声が高まっており、こうした政治の流れは、創価学会が所属していた日蓮正宗を国教化することを意味するのではないかと私には思えたのである。他宗を邪教として排撃し、日蓮正宗を国教化するというのなら、まさにそれは〝革命〟と呼べるが、それは危険なことである。

とどまるところを知らずに拡張を続け、世間の理解を超えたこの宗教団体の正体を解明しようと、少なからぬ学者やジャーナリストが挑んだ。

創価学会の研究本が次々と刊行されたが、そうした中、創価学会攻撃の決定版ともいえるのが、政治評論家の藤原弘達（ひろたつ）による『創価学会を斬る』（日新報道出版部／1969年11月）であった。その出版を創価学会と公明党の幹部が中止しようと動いたことが明るみに出て、世間の知るところとなり、国会をも巻き込んだ大騒ぎとなってしまう。のちに「言論・出版問題（言論・出版妨害事件）」と呼ばれるこの事件で、創価学会は危機管理の意外な脆（もろ）さを露呈することになり、会長の池田が本部総会で陳謝する事態に追い込まれた。ここで池田は「国立戒壇」も「日蓮正宗の国教化」もはっきり否定し、創価学会と公明党との関係も制度の上で分離することを表明した。いわゆる政教分離宣言である。創価学会の会長が自分たちの非を認めたのはこれが初めてのことであった。

これは、創価学会にとって初めての決定的な挫折の体験であった。私はこの大事件によって少なからぬ一般学会員が離脱し、創価学会は衰退に向かうのではないかと感じた。実際に、1972（昭和47）年12月の衆議院選挙では、当選者は前回の47人から29人に激減し、得票数も512万4666票から443万6755票と、約70万票も減っている。

ところが、4年後の1976（昭和51）年12月の衆議院選挙では、大方の予想に反し、当選者は55人とほぼ倍増し、得票数も617万7300票と約170万票も増えているのである。この選挙結果を見るかぎり、私を含めた学者や評論家たちの考えは間違っていたことになる。創価学会がこの挫折を乗り越え、再びエネルギーを横溢させ、復活することができたのはどうしてなのか。

1977（昭和52）年になると、創価学会は言論・出版問題で迎えた窮地よりも、はるかに深刻な事態に陥った。池田が学会員に対して行なった教義に関する講演が日蓮正宗、つまり宗門の激しい怒りをかう。池田は大石寺に〝お詫び登山〟を行なったが、それでも宗門の怒りを解くことはできず、ついに1979（昭和54）年4月、池田は日蓮正宗の信徒の総責任者である法華講総講頭を辞任し、創価学会の会長も辞任した。これで創価学会は、なんとか宗門側と和解を果たしたのだった。

しかし、1990（平成2）年11月の本部幹部会での池田の発言に、ふたたび宗門側が怒りをあらわにした。その結果、池田を含めたすべての創価学会最高幹部が宗門の資格を失った上、１９９１（平成３）年11月に創価学会が信徒団体としての命脈を絶たれ、破門されることになってしまったのだ。

宗門から破門されては御本尊ももらえないし、葬儀に僧侶も来てくれない。１９７７年に起きた１度目の宗門とのトラブルで池田が会長を辞任したのは、事態が収拾されず学会員が苦しみ続けるのは忍び難かったからだ。さらに、当時、多くの学会員が離脱するという流れがあった。すると２度目の宗門からの破門は、それとは比べようもないほどの壊滅的な致命打になるはずだ。年間に約２００万人もの学会員が大石寺に参拝していたのだが、それも不可能になる。大石寺の参拝は信仰上きわめて重要で、それも叶わないとなれば、当然ながらというべきか、創価学会について論じる誰もが、学会員の大量離脱、そして創価学会は衰退するに違いないと予測した。私もその一人である。

しかし、このときなぜか創価学会の結束は揺るがなかったのである。それどころか、宗門と決別したことを本格的な世界布教の始まりと捉え、世界各国で創価学会インタナショナル（ＳＧＩ）が展開していった。その上、公明党は１９９９（平成11）年から自民党、自由党と連立政権を組み、与党の一角に食い込んだのである。

度重なる試練に直面し、創価学会は間違いなく衰退するであろうという世論の推測を見事に裏切り、その都度、ピンチをチャンスに変えるという驚くべきエネルギーをもって、逆境を乗り越えてきたのである。

どうやら、創価学会の強さは我々には想像も及ばないほど堅固なものらしい。池田会長と学会員たちの間には、単なるカリスマ論では語れない、尋常ならざる強靭な結びつきが存在していることもうかがえる。

それでは、創価学会とは一体どのような組織であり、なぜにこれほど強靭なのか。私は改めて創価学会に強い興味を抱いて、その頃から取材を考えていた。現在までの間に、私は2度、池田に会う機会を持つことができた。また日蓮正宗総本山の大石寺への登山会という集団参拝にも参加し、創価学会の「座談会」にも3度出席した。それでも長い間、本格的な取材に踏み切れなかったのは、宗教団体は外部から覗いても、結局わからないまま終わるのではないかと思えたからだ。

だが、公明党が自民党と連立し、そのあり方でこの国が転換する可能性が出てきたことで、なんとしても取材せねば、という気持ちになったのである。

果たして創価学会とはどのような集団なのか。その実態をつかむため、長い歴史をひもとき、創価学会幹部から一般学会員、ＳＧＩ幹部、さらには公明党幹部らへの多角的なインタビューを試みた。取材をとおして内部にまで踏み込み、〝創価学会〟という巨大な宗教団体の実態を探っていきたいと思う。

「創価学会」　目次

＊〈用語の説明〉と〈解説〉は編集部による

ブックデザイン　鈴木成一デザイン室
編集協力　阿部えり
ＤＴＰ　センターメディア
写真　聖教新聞社、毎日新聞社＝第３章（１５０ページ）、第７章
中村琢磨（毎日新聞出版）＝第９章

第1章　創価学会の誕生

〈1930年代～1940年代〉

初代会長・牧口常三郎

「初代会長牧口常三郎先生と不二の弟子である第2代会長戸田城聖先生は、１９３０年11月18日に創価学会を創立された。創価学会は、大聖人の御遺命である世界広宣流布を唯一実現しゆく仏意仏勅の正統な教団である」

これは創価学会の会則の前文にある一節である。

牧口常三郎は、１８７１（明治4）年6月6日（旧暦）、柏崎県刈羽郡荒濱村（現・新潟県柏崎市荒浜）で生まれた。父は船乗りだったようだが、5歳のときに叔母の嫁ぎ先の牧口家の養子となった。

牧口は大変な勉強家で、小学生時代も成績は抜群だったということだが、養父母とともに北海道に渡り、警察署の給仕をしながら勉学に励んだ。当時の署長が、その向学心とまじめさを見込んで、札幌の師範学校を受験させ、牧口は署長が兼務していた郡長の推薦で入学することができた。卒業後、母校の附属小学校の教師となったが、次第に地理学への関心を深めていく。内村鑑三の著書『地人論』に大いに啓発された牧口は、将来地理学者として立とうと志して、教員生活のかたわら地理学の研究に没頭、研究成果を書き続けた。

この間、25歳で郷里から迎えた牧口クマと結婚し、女児を2人もうけている。そして１８９７（明治30）年に北海道尋常師範学校助教諭、１９００（明治33）年に教諭と舎監に任じられた。しかし北海道には地理学について適切な助言や評価を与えてくれる人物は存在しなかった。そこで牧口は１９０１（明治34）年に、突如意を決し、妻と二児を連れ、行李いっぱいの原稿を抱えて上京。牧口が30歳のときのことだった。

上京し、東京・駒込に三畳間を借りた牧口は、東京帝国大学教授・坪井九馬三や、地理学の権威であった志賀重昂などに原稿の検討を求めた。そして、約1年間、神田にある出版社、冨山房に通い続けて、１９０３（明治36）年10月15日に『人生地理学』が文會堂から出版された。牧口は32歳であった。

『人生地理学』は、教育関係者たちの間で大きな反響を呼び、当時の学術書としては、まれなベストセラーとなった。牧口は『人生地理学』が注目を集めたことで、地理学者としての将来に期するところがあったが、当時の学界の牢固たるアカデミズムは、この種の青年学究には、固く門戸を閉ざしていたようだ。

牧口は生計の資を得るために、出版編集などの仕事に携わったが、いずれも成功せず、やがて生活難に直面して、１９０９（明治42）年に再び教員生活に戻った。そのとき子どもが5人に増えていた。

ただし、地理学の研究は続け、新渡戸稲造や柳田國男らとの親交を深めた。

牧口は、東京の富士見尋常小学校の首席訓導、東盛尋常小学校、大正尋常小学校、西町尋常小学校などの校長を歴任しながら、次第に教育の目的、その本質の追求に没頭していく。牧口の教育は現場の教員や生徒の父母たちからは高く評価されながら、潔癖で妥協を許さない生き方が文部省関係者、東京市の担当者や地域の有力者たちと折り合わず、そのために転任させられることも少なくなかった。

そうしたなか、１９２０（大正9）年の1月頃、北海道から出てきた青年と運命的な出会いを果たす。青年は、牧口の志を継ぐことになる戸田甚一、のちの戸田城聖だった。

戸田は１９００（明治33）年2月11日に石川県江沼郡塩屋村（現・石川県加賀市塩屋町）の貧しい北前船の仲買商の七男として生まれたが、数え年で5歳のときに北海道へ渡った。小学校の高等科を卒業すると札幌に出て、小間物雑貨の卸し店で働きながら小学校准訓導（小学校准教員）の資格試験に挑み、17歳で合格した。しかし無理がたたって身体を壊し、数カ月の入院生活を余儀なくされるが、1918（大正7）年に夕張の山奥にある小学校で教員の職に就くことができた。いつかは東京に出て学びたいと考えていた戸田は、1919（大正8）年、冬休みを利用して上京。友人の紹介で初めて牧口と出会う。一度北海道に戻り、準備を整えた戸田は翌1920（大正9）年、再び上京した。戸田が20歳のときのことだった。

戸田は、牧口が権威や権力におもねることなく、教育に対する信念を貫き通す人物であるという評判を聞いて、自分の教育に対する熱い思いをあふれるように話した。さらに、ぜひ自分を採用してほしい、どんな劣等生でも優等生にしてみせると誓った。牧口は、戸田の意気込みに青年らしい一途さを感じ取っていた。その情熱を買って、彼が校長を務めていた西町尋常小学校の臨時教員として採用した。

1922（大正11）年に、戸田は旧制高校入学資格試験に合格。教員を辞めて浦田ツタと結婚した。生活費を稼がなければならず、露天商や、生命保険の外交員などで生計を立てていた。牧口は、そんな戸田に補習教育の学習塾を開くように勧めた。戸田が教育に情熱を持ち続けていて、また教える才能も尋常でないと見込んでいたからだ。

１９２３（大正12）年９月１日、関東大震災が起こった。マグニチュード７・９で、死者は10万人以上であった。

戸田が塾経営に力を入れたのは、大震災の後である。保険外交員の仕事を辞め、目黒駅近くで学習塾「時習学館」を開いた。これが予想外に成功。その経験をもとに戸田がのちに著した『推理式指導算術』は１００万部を超えるロングセラーとなった。

やがて、時習学館は牧口が提唱する教育理論の実践の場となっていく。その同じ頃、牧口は日蓮正宗と出合うことになる。

牧口を変えた日蓮の教え

１９２８（昭和３）年６月頃、当時白金尋常小学校の校長をしていた牧口は、業界新聞の記者の紹介で、目白商業学校の校長だった三谷素啓と知り合うことになった。日蓮正宗の信徒だった三谷は、池袋の常在寺に属する大石講の有力者であり、日蓮の

「立正安国論」について執筆中であった。

「立正安国論」は、日蓮が鎌倉幕府の実力者であった北条時頼に出した国家諫暁の書である。同書によれば、その時代は、「天変地夭・飢饉疫癘・遍く天下に満ち広く地上に迸る牛馬巷に斃れ骸骨路に充てり」、つまり災難が打ち続き、死者が相次ぐという惨状だったが、これはすべて法然の念仏などの誤った教えを信じているからであり、ただちに唯一の正法である法華経を奉じないかぎり、二つの大きな災難――自界叛逆難と他国侵逼難が起こるというものであった。「自界叛逆難」とは内乱のことであり、「他国侵逼難」とは他国からの侵略のことである。

牧口は「立正安国論」を中心にして思索を深めたようだ。飢饉や疫病、さらには地震などで国土が疲弊して、人心が荒廃する……。それはまさに牧口が暮らす、当時の日本の現状でもあった。

第一次大戦の影響は日本に空前の好景気をもたらした。しかし、好況は長くは続かず、大正時代の中頃から不景気とインフレが日本経済を襲う。加えて関東大震災によって経済界は大きな打撃を受け、不況は慢性化。倒産、失業、物価の高騰に多くの国民が苦しめられた。さらに昭和に入ると金融恐慌が起こり、国民はますます追いつめられていく。

牧口はこの年、日蓮正宗への入信を決心する。

鎌倉時代、仏教界ではそれまでの天台・真言の顕密仏教に加えて、法然、親鸞、一遍、栄西など、新たな救済観を持つ宗教思想家が次々と誕生、広く民衆に浸透していった。そうしたなか、日蓮もまた、自身が信じる法華経の教えを民衆のみならず、時の権力者にも説いていく。16歳で出家した日蓮は、鎌倉、京都、奈良など各地を遊学し、各宗派の教義について学んでいった。その結果、仏教のすべての経典の中で、最も優れているのは法華経であると悟ったのだ。「南無阿弥陀仏」を唱えれば死後に極楽往生が叶うと説く浄土宗に対し、日蓮は「南無妙法蓮華経」と唱えることで現世のうちに成仏が叶うと説き、人々を救う法として広める決心をしたのだった。

日蓮正宗は日蓮系の宗派の一つで、その淵源は日蓮の高弟であった六老僧の一人である日興の流れを汲んでいた。日興は日蓮没後、身延山久遠寺の別当であったが、地頭の波木井氏が他宗派に影響を受けたため身延を離山して、富士郡上野郷（現・静岡県富士宮市）の地頭であった南条時光から土地の寄進を受け、そこに新たに大石寺を開いたことが始まりである。このため日興門流は別名を富士門流と呼ばれた。

三谷から話を聞き、さらに「立正安国論」や法華経を読み、牧口自身、日蓮の教えに共感する部分を見つけていったのだろう。だが、共感と入信とは少なからぬ距離がある。

牧口は、なぜ日蓮正宗に入信したのか。私はその疑問を創価学会幹部にぶつけてみた。

まず、前会長で現在は最高指導会議議長を務める秋谷栄之助である。彼は次のように答えた。

「関東大震災後のことであり、不況時代に入り、貧困の児童の窮状を見るにつけ、この荒廃した世の中を救えるのは日蓮大聖人の教えだと感じたのではないでしょうか」

世相のほか、牧口の境遇も影響したとの分析もある。牧口は入信の前後、立て続けに3人の息子を失っている。この点について、元日蓮正宗の僧侶で、現在は東日本国際大学教授の松岡幹夫は、次のように分析している。

「家族を失うという宿命的な問題に直面し、現世の法則だけでは幸せにはなれないと考えたのかもしれません。日蓮が説いている、過去から未来に続く生命の因果の法則を学んでこそ、本当の価値が創造できると考えたのだと思います。牧口初代会長は共生主義者ともいえ、自分一人が幸せになるのではなく、他人とともに分かち合えるようにならなければ、それは本当の幸せとはいえない、そう考えていたのではないでしょうか」

教育改革に情熱を注ぎ続けた牧口だが、果たして教育だけで社会を変えられるのだろうか……。この頃、牧口はある種の限界を感じていたのではないか。

合理的で科学的な思考を重んじ、実証主義的な生き方を貫いた牧口だったが、心の底では、人間として生きる上で心の拠りどころとなる宗教を求めてもいたのだ。そのため、キリスト教や禅、古神道などにも興味を抱き、日蓮系の仏教講演会にも足を運んで話を聞いたことが少なからずあった。しかし、帰依するには至らなかった。それらの宗教が自分の科学観や哲学観と相容れなかったからだ。

日蓮の言う「安国」の「国」とは権力者が手に入れようとする「国家」を意味するのではなく、人々が安穏に暮らすことのできる「国土」を指している。それこそが牧口が望んだものだった。すべての子どもたちが幸せに暮らすためには、まず社会を変える必要がある。その答えを牧口は「立正安国論」に見つけたのではないだろうか。

教育者として学説を深めていた牧口は、法華経の信仰を得て、さらに思索を重ねていった。牧口が日蓮正宗に入信すると、これに続いて戸田も入信した。実は戸田も牧口同様、家族との辛い別れを体験していた。2年後には妻も同じ病で亡くしてしまう。1924（大正13）年に長女を結核で亡くし、その悲嘆と煩悶（はんもん）が、戸田と信仰を結びつけたようだ。

創価教育学会の誕生

1930（昭和5）年2月のある日、牧口は戸田の自宅を訪ね、夜を徹して語り合った。もっぱら話したのは牧口で、自身の教育論を熱く述べたのである。

牧口は、小学校の校長として教育学説を発表した人間は過去に一人もいない、自分は現職のままでそれを実現し、後に続く学校長に残してやりたいのだと言った。それを聞いた戸田は、牧口の教育学説は自分が出版しようと決意して、「先生の教育学は、何が目的ですか」と問うた。

「価値を創造することだ」と牧口は答えた。

「では先生、創価教育と決めましょう」

初代会長 牧口常三郎

戸田の提案により、牧口の教育学説は「創価教育学」と名付けられた。

果たして創価教育とは、どのような内容なのか。創価大学教授の伊藤貴雄に問うてみた。

「基本になっているのは、新カント派哲学の価値論『真善美』における、真理の〝真〟を利益の〝利〟に置き換えた『利善美』という思想です。ただし、牧口は真理を否定したのでも、利益至上主義を説いたのでもありません。真理の探究が必要であることは前提の上で、それらの知識を人間の幸福に応用できる子どもの育成を目指しました。真理は創造することはできないが、価値は創造することができる。その価値は利善美の三つの視点から論じられるべきであるというのが、その主張です。さらに牧口は、個人の価値創造が社会全体、やがては国家全体の価値創造につながると考え、教育をとおして、それを実現しようとしていたのです。同時に、教育の現場において教師が国家の望む方向に子どもを導こうとしていることに、ある種のエゴを感じていました。教師が上で子どもは下という関係ではなく、子どもが自ら価値を創造する力を身につけていけるよう、教師は横でサポートする専門技術者であるべきだというのが牧口の主張でした。それが牧口の教育学の要です」

教育の目的も人生の目的も、幸福の追求にあり、そのためには価値を創造しなければならないというのが牧口の思想であった。一部の才能ある人間だけではなく、誰もが価値を創造できる法則をつくり出すことが「創価教育」の基本であると思われる。その法則に則(のっと)れば、自己実現可能な社会をつくることができると牧口は考えたのだ。教育者として、すべての子どもたちを幸せに導きたいという牧口の優しい眼差しと、そのために法則をつくり出そうと考える合理的な一面が垣間見える。

2人は、牧口の在職中に、彼の教育理論を出版しようと考え、その作業に力を注いだ。そしてついに、1930（昭和5）年11月18日に、『創価教育学体系』第1巻が

牧口常三郎が著した『創価教育学体系』

発刊された。奥付には「著作者・牧口常三郎　発行兼印刷者・戸田城外（のちの「戸田城聖」）　発行所・創価教育学会」と記され、この日が、牧口と弟子である戸田、2人による創価教育学会の創立の日となった。

牧口は、このとき白金尋常小学校の校長であったが、牧口の存在を面白く思わない有力者によって、1年後に廃校が決まっていた麻布新堀尋常小学校に転任させられる。そして同校の廃校とともに、牧口の19年に及んだ校長生活は幕を閉じた。

1935（昭和10）年春、牧口は『創価教育学体系梗概』という小冊子を制作した。そこには創価教育学会の会則とともに、目的が次のように掲載されている。

「本会は創価教育学体系を中心に教育学の研究と優良なる教育者の養成とをなし、国家教育の改造を計るを以て目的とす」

さらに冊子の最後では、「結語＝法華経と創価教育」と題し、真の教育改良は、法華経の肝心を、その根底としなければならないと述べている。つまり、仏法の実践がより良い社会を築くことにつながり、本当の意味での教育改革を成し遂げることができるという意味なのであろう。このとき会員の数は約70人であった。

『創価教育学体系』は、本来は全12巻で構成されるはずであったが、総論の部分である4巻までしか出版されなかった。具体的な教授法を紹介する予定だった各論には入らなかった。おそらく書物だけでは、教育界を動かすことはできないと牧口は考えたのだろう。新しい教育法を広めるためには、その効果を実証しなければならない。そうすることで初めて創価教育への関心を喚起できるのだと。そこで牧口は、現場で新しい教育法を実験しようと試みたのだ。

1936（昭和11）年に、牧口は創価教育の実験証明委員制度をつくった。戸田がつくった学習塾、時習学館などを会場にして活発に議論を行ない、その成果をそれぞれの委員が勤める小学校で実際に試すことにしたのだ。

1939（昭和14）年12月に、東京・麻布にある料亭、菊水で創価教育学会の第1回総会が挙行された。集まった会員は約50人だった。

翌年には、東京・九段の軍人会館（後の九段会館）で第2回総会が開かれ、正式に牧口が会長、戸田が理事長となった。このとき牧口は、教育改革の法則を実証するには、宗教革命によって心の根本から立て直す必要があるという思いを強くしていた。会員の中には家庭の主婦や一般の職業人も多く存在し、彼らにとって仏法による救済と革命は、教育界だけに限ったものではなかった。牧口はそうした法華経の教えを説くことが生活革新の鍵と考え、教育法の改革もその一部であると捉えていたのだ。この第2回総会の席上、本来の会の目的である教育改造が消え、法華経を基盤に、国民の幸福を進めるための仏法流布の推進が確認された。この日の参加者は約300人であった。

仏法流布を進める上で牧口が最も重視したのが、会員同士が体験を語り合う座談会と個人指導だった。毎週2回、創価教育学会本部と自宅で個人指導を行ない、それ以外の日は牧口自ら先頭を切って、各地の座談会に出席した。月によっては1日おきに座談会が組まれることもあり、さらに折伏のため地方にも足を運ぶなど、牧口は休む間もなく指導に努めた。

１９４１（昭和16）年7月に、創価教育学会の機関紙として「価値創造」が創刊された。牧口は次のような「創刊の言葉」を寄せた。

「損よりは得を、害よりは利を、悪よりは善を、醜よりは美を、而して何れも近小よりは遠大をと希望し、遂に無上最大の幸福に達せざればやまないのが人情であり理想である。謂う所の価値創造の生活とは之を意味する。この希望に応じて、最大の価値の生活法を証明されたのが仏教の極意で、妙法と称し奉り、他のあらゆる生活法と区別された。吾々は大善生活法と仮称して世間在来の小善生活法と区別せんとする」（原文は旧仮名遣いを使用）

当時の座談会は「大善生活法実証座談会」等と呼ばれ、牧口は仏法が教える菩薩行に徹する「大善生活」を会員たちに力説した。会員は３０００人に達し、牧口の教えは着実に広がっていった。

創価学会とは新興宗教なのか

牧口と戸田によって創立された創価教育学会は、戦前から活発に活動を展開していったが、基本的な立場は日蓮正宗を信奉する信徒団体であり、教義的にも伝統仏教に則っていた。日蓮正宗は本山を大石寺とし、末寺を抱えるほかの既成仏教と同じく江戸時代以来の本山末寺制度をとっていた。この伝統仏教において信徒団体は通常、僧侶の指導のもと、末寺に所属する「講」において活動するが、創価教育学会はそのスタイルをとらなかった。会の運営も会員の信心指導も、僧侶に依存することなく、牧口会長、戸田理事長のもと学会独自で行なっていた。そこに創価教育学会の特異性がある。創立当初から、従来の日蓮正宗の枠組みを超えた、独自の在家信徒団体であり、のちの創価学会が世間から新興宗教であると認識されるに至った背景が、ここに見てとれる。

ただ、一般の新興宗教とも違いが存在する。牧口と戸田が創価教育学会を創立した同じ頃、日本にはいくつもの新興宗教団体が存在した。日蓮系の団体としては、立正佼成会、霊友会などがある。また明治期より教派神道と呼ばれる天理教なども活動を始めていた。こうした新興宗教では、教祖の神がかり的な宗教体験が創立の原点となることが多い。霊的、神秘的な能力によって病気が治癒したといった評判を広めることで、信者を増やしていくのだ。

しかし、創価学会においては、創立当初からそうした神がかり的な、非日常的な体験が見られることはない。初代会長の牧口は教育者である。その立場から法華経の教えを説くことが教育改革につながるとの信念のもと、仏法流布に努めたのである。つまり、牧口はあくまで創始者であり、教祖ではない。これは戸田も同様だ。ビジネスの才覚に恵まれ、創価学会の経済的な基盤をつくり上げた戸田は、むしろ実業家に近いかもしれない。

牧口も戸田も高等教育を受けており人文、社会、自然など科学の力を信頼していた。宗教者ではあったが、合理的で実証的な思考の持ち主であり、彼らが創立した創価教育学会も近代的センスを持っていた。したがって、宗門との間には、組織においても発想においても、ともすると一定の距離感ができてしまうことは避けられないことであった。いわゆる伝統と近代という、相反する二つが存在していたようで、これが創立以来の創価学会と宗門との特別な関係であった。ここに後年、創価学会を揺るがすことになる2度にわたる「宗門問題」の潜在的要因が潜んでいるともいえよう。

投獄された2人の指導者

話を創価教育学会に戻そう。この頃の戸田は、師である牧口を支えながら、1930（昭和5）年頃に時習学館の出版部門として設立した出版社「城文堂」の成功をきっかけにいくつもの企業を起こし、それぞれを成功に導いていた。時習学館の運営は部下にゆだねて、多角的な事業経営に乗り出していく。

戸田の事業が成功したことで盤石（ばんじゃく）な経済基盤を得た牧口は、それまで以上に座談会や地方折伏に情熱を注いでいく。しかし、当時の日本は軍部政権による国家神道の強制と満州国建国、中国侵略、そして日米開戦へと急速に戦時色を強めていく。その象徴が軍部政府から各家庭で祀（まつ）るよう命じられていた皇大神宮（こうたいじんぐう）の大麻（神札）であった。牧口は日蓮仏法の教えに基づき、これを家庭に祀ることを拒否。会員たちに焼却させ、神社への参拝も禁じた。政府が戦争遂行のため、国民の思想的統一の柱とした国家神道の強制と天皇の神格化を真っ向から否定したのだ。

そうした牧口たちの活動は当局から危険視されることとなり、1942（昭和17）年5月、機関紙「価値創造」は廃刊を命じられる。

しかし、肝心の日蓮正宗は、当局に妥協し、形の上だけでも神札を受け取った。さらに、一部では当時の宗教政策を受け入れ日蓮宗各派との合同を画策する動きもあり、宗門行事で宮城遥拝や伊勢神宮の遥拝などまで行なって、軍部政府に迎合していた。1943（昭和18）年6月には、牧口、戸田は静岡県富士宮にある総本山の大石寺に呼び出されて、創価教育学会が神札を受けるように勧告されたが、牧口は、断固これを拒否し、逆に当時の法主・鈴木日恭に、「いまこそ国家諫暁の秋」だとし、国を諫めるよう直言した。宗教を誤れば、国家が滅びるという日蓮の教えを示したのだが、宗門は牧口の主張を容れなかった。

それ以前より、牧口が出席する座談会には、思想犯を取り締まる特高警察が立ち会うことが多くなり、話が神札や国家体制に及ぶと、「中止、中止」とさえぎられた。

日恭に諫言した直後の7月4日、牧口は伊豆の下田で座談会を行なった。翌5日も座談会を行ない、そのまま知人宅に一泊した翌朝、刑事2人に下田署に連行された。

牧口常三郎が家族に宛てた獄中書簡

逮捕の容疑は、治安維持法違反、及び不敬罪。このとき牧口は72歳だった。

牧口は家族に、自分にもしものことがあれば、戸田君が引き継いでくれると話していたが、牧口が逮捕された同じ日に、戸田も目黒の自宅で逮捕されてしまう。当局による一斉逮捕は学会幹部21人に及んだ。この事態に対し、宗門は当局の弾圧が波及してくるのを恐れ、創価教育学会幹部の大石寺への登山を禁止したのである。

逮捕された牧口は、警視庁の取調室で約1カ月半にわたり厳しい取り調べを受けた。当時の取り調べ記録を読むと、どんな質問にも悠然と答える牧口だったが、国家神道も天皇の神格化も決して認めなかった。9月には警視庁から東京拘置所の独房へ移送される。

東京拘置所では10日に1通だけ書簡を送ることが許され、牧口はそこに、「三畳間、独り住居(ずまい)のアパート生活です」「独房で思索ができて、却(かえ)ってよい」など、家族を気遣う内容をしたためていた。

起訴から5カ月後の1944(昭和19)年4月、東京刑事地方裁判所で予審判事による一対一の取り調べが始まる。ここでも牧口は仏法の正義を説いた。しかし、過酷な獄中生活は次第に彼の体を蝕(むしば)んでいった。気丈に取り調べに臨んでいた牧口だったが、この年の11月17日、自ら病監へ移ることを希望する。病監のベッドに横たわり静かに目を閉じ、翌18日、眠るようにして73年の生涯を終えた。老衰と極度の栄養失調によるものだった。

「……カントの哲学を精読している。百年前、及びその後の学者共が、望んで、手をつけない『価値論』を私が著わし、しかも上は法華経の信仰に結びつけ、下、数千人に実証したのを見て、自分ながら驚いている。これ故、三障四魔(さんしょうしま)[*1]が紛起するのは当然で、経文通りです」(原文は旧仮名遣いを使用)

亡くなる約1カ月前、家族に宛てたこの書簡が牧口の絶筆となった。

戸田城聖、獄中での決意

牧口と時をほぼ同じくして、東京拘置所の独房に移送されていた戸田のなによりの楽しみは読書であった。本来は8冊までと決められていたが、戸田は看守長に頼み、12冊まで申し込むことが許されていた。

ある日、戸田が小説の貸し出しを希望すると、係が間違えたのか『日蓮宗聖典』が届けられた。その本は、前半が送り仮名のつかない漢文（白文）で書かれた法華経で、後半に日蓮の遺文が並んでいた。これは自分が頼んだものではないと言って返しても、なぜかまた届けられた。係の作為でないとしたら、これは法華経を勉強せよという黙示なのであろうと理解した戸田は、漢文のままの法華経を読む決意をする。しかし何度読み返しても、法華経の開経とされる無量義経の次の一節でひっかかった。

「其身非有亦非無（其の身は有に非ず亦た無に非ず）」で始まる12行の経文に「非（〜に非ず）」という否定の言葉が34回存在する。冒頭の「其身（其の身）」が仏を指しているらしいことはわかった。しかし、どうしても仏の実体をつかむことはできなかった。

一体、仏とは何を意味しているのだろうか。

戸田と池田がそれぞれ著した小説『人間革命』には、戸田がその答えを見つける場面が描かれている。概略を示すと次のようになる。

戸田はひたすら唱題を続けた。時間の経過も意識もなくなった頃、戸田の脳裏に突然「生命」という言葉がひらめいた。その瞬間、戸田はこれまで理解できなかった34の「非」の意味を理解した。34の否定はその上に厳として存在するものを示していた。「其の身」とは仏であり、つまり「生命」を表しているのではないかと。

狭い独房の中、戸田はこう叫んだという。

「仏とは、生命なんだ！　生命の表現なんだ」

ついに仏というものの本体を突き止めたと確信した戸田は、さらに法華経を読み進めていく。いくつもの難解な章句も融解するように理解でき、季節が春から夏を過ぎ、やがて晩秋にかかる頃、文々句々についてはほぼ理解できるまでになっていた。

しかし、戸田の中には新たな疑問が湧き上がっていた。釈尊（釈迦）は法華経をとおして何を解き明かしたかったのだろうか。その答えを見つけるため戸田は、ひたすら法華経を読み、唱題を続けた。そうしたある日、戸田は不思議な体験をする。いつの間にか戸田の意識は虚空にあり、金色の光を燦々と浴び、本尊に向かい合掌している自分を発見したのだ。これこそ法華経の説法の場に自分が連なっている体験だと戸田は強く感じた。

夢でも幻でもなく、数秒であったようにも数時間であったようにも思われた。喜悦が戸田の全身を走り、「これは嘘ではない、俺は、今、ここにいる！」と叫ぼうとしたそのとき、狭い独房の中で朝陽を浴びて座っている自分を感じたのだった。創価学会では、戸田のこの体験を「悟達」と呼ぶ。戸田はこのとき、自分も経文に説かれる地涌の菩薩[*2]の一員であるとの自覚に立ち、法華経を流布して生涯を終えることを誓ったという。

この奇跡の体験からしばらくして、戸田は牧口が獄中で息を引き取ったことを知らされる。涙も枯れ尽くすまで恩師の死を悼み悲しんだ戸田は、仏法流布という大業を為すことで必ずや仇を討ってみせると心に誓ったのである。

戸田は、日本の敗戦に先立つ１９４５（昭和20）年7月3日に釈放され、豊多摩刑務所を出獄した。釈放の数日前、東京拘置所から豊多摩刑務所に移送されていたのだ。

獄中生活は実に2年に及び、釈放されたものの、戸田の体は極度の栄養失調に陥っていた。また、創価教育学会も壊滅状態に陥っていた。しかし、彼には恩師である牧口が命をかけた創価教育学会再建を果たすという責務がある。戸田は出獄の翌日から衰弱した体に鞭打つようにして立ち上がった。

最初に手がけたのは、事業の立て直しだった。新たな宗教改革の波を起こすためには、まず経済基盤を確立することが必要だと考えたようだ。焦らず、しかし確実に仏法流布の布石を打つことを決意した戸田はこの年、「戸田城聖」と名のりを変えている。

創価教育学会から「創価学会」へ

1945（昭和20）年、敗戦の5日後の8月20日に、戸田は現在の品川区上大崎に「日本正学館（しょうがくかん）」の仮事務所を開設した。ここで戸田が企画したのは中学生を対象にした数学と物理の通信教育だった。2カ月後には西神田に事務所を移し、英語の通信講座を開講。同時に大衆小説を発行するなど出版事業にも乗り出した。

新事務所への移転からまもない11月18日、牧口の一周忌法要が東京・中野の日蓮正

第2代会長 戸田城聖

宗寺院・歓喜寮で営まれた。集まったのは二十数人であった。戦前、最盛期には3000人の会員がいたのだから隔世の感があった。

法要の場で挨拶に立った戸田はこう宣言した。

「話に聞いていた地涌の菩薩は、どこにいるのでもない、実に、我々なのであります。私はこの自覚に立って、今はっきり叫ぶものであります。広宣流布は、誰がやらなくても、この戸田が必ずいたします」

しかし、ともに立とうとする者はおらず、戸田の決意は虚しく響くだけだった。戸田が語った「広宣流布」とは、仏法の教えを社会に広く流布することを意味する法華経の言葉である。賛同者を得られず、戸田はさぞかし落胆したに違いない。

それでも戸田は、翌1946（昭和21）年1月から創価教育学会再建のために動き出した。まず手はじめに、戦前からの会員で、戸田と同じ経済人グループの仲間だった4人を相手に法華経講義を行なった。そして第1期の法華経講義が終わった3月に、戸田は創価教育学会の名称を「創価学会」に改め、6月には機関紙「価値創造」を復刊した。

この頃になると、戸田が出獄し法華経講義を行なっているという噂を聞き、かつての会員や新しい若者たちが集うようになった。牧口が価値論の講義を行なったのに対して、戸田は法華経の講義で、特に獄中で「悟達」したという生命論、つまり生命は永遠であり、無始無終だと力を込めて語った。

戸田の法華経講義は、1950（昭和25）年8月の第10期の途中まで、受講メンバーを替えて続けられた。戸田は週のうち月金の2日を法華経、水曜を日蓮の御書（ごしょ）の講義にあて、残りの曜日は各地で開かれている座談会に出席した。戦時中の弾圧で、牧口と戸田を見限り去った旧幹部たちへの期待は捨て去り、新しく集まってきた青年たちに未来への願いを込めて講義した。戸田のもとに集まってきた青年の多くは、京浜工業地帯で働く工場労働者、公務員、商店員たちであった。そして、その中の一人が池田大作であった。ここで関連文献をもとに彼の生い立ちを追ってみよう。

池田大作は１９２８（昭和3）年1月2日に、東京府荏原郡（現・大田区大森北）に生まれた。七男一女の8人きょうだいの五男であった。池田家は江戸時代から代々、浅草海苔の養殖を生業とし、大森一帯では屈指の規模で海苔製造業を営んでいた。

大正時代には、父親の子之吉が北海道開拓にも手を伸ばし、釧路近くの国有地払い下げの出願をしていたが、海苔製造業が不調に陥ったことで資金調達ができなくなり、手を引かざるを得なくなった。加えて関東大震災で海苔業が深刻な被害を受け、子之吉がリウマチを発病したことなどから、池田家は経済的に追い込まれていく。

父親が「太く大きく育ってほしい」という願いを込めて「太作」と名付けた。しかし、池田は生まれたときから体が弱く、小学校に上がっても高熱を出して寝込むことがあったという。のちに戸籍を皆に呼ばれている「ダイサク」に合わせて「大作」に変更する。

１９３１（昭和6）年、満州事変が勃発。１９３３（昭和8）年に日本は国際連盟から脱退し、国際社会から孤立することになる。そうしたなか、池田は１９３４（昭和9）年に、羽田第二尋常小学校に入学した。

池田が小学校に入学した翌年、子之吉は病に倒れ寝込むようになり、長兄の喜一は中学をやめて海苔づくりを始める。やがて、池田もその手伝いをした。

1937（昭和12）年に日中戦争が始まると長兄は出征。さらに、次兄と三兄も相次いで出征した。働き手をなくした池田家の家計を助けるため、池田は午前2時から3時頃の間に起きて海苔づくりの作業をした。さらに、尋常小学校6年の1年と高等小学校の2年、計3年間、新聞配達のアルバイトをした。

池田が国民学校高等科2年の1941（昭和16）年12月に、日本はアメリカとの戦争に突入した。兄たちが次々と出征するなか、池田は卒業を前に、少年航空兵に志願して自分も戦場で戦おうと決めた。国に忠誠を尽くすことが最高の生き方だと教師たちから教えられ、それを信じていたのだ。池田は少年航空兵への志願書を出した。

ある日、彼の志願書をもとに海軍の係官が家にやってきた。父親の子之吉は係官を一喝した。池田は日本経済新聞に連載した「私の履歴書」（のちに出版）に、そのときの父・子之吉の怒りの言葉を綴っている。

「私は絶対に反対だ。うちは上の三人とも兵隊に行っているんだ。間もなく四番目も行く。そのうえ五番目までもっていく気か。もうたくさんだ」

子之吉の怒りは、まさしく庶民の偽らざる声だったといえるだろう。子之吉がここまで怒りをあらわにすることは、このときが最初で最後だったという。池田は少年航空兵への志願を断念する。

池田の心に刻まれた戦争への怒り

1942（昭和17）年、国民学校を卒業した池田は地元の鉄工所、のちの軍需工場に就職する。だが、それまでの無理がたたったのか、このとき池田の肺は結核に冒されていた。

太平洋戦争の初期は、日本軍は連戦連勝だったが、6月のミッドウェー海戦以後は一転して旗色が悪くなった。その頃、池田は毎日体調の悪さを抑えながら出勤した。社内には青年学校が併設されていて、池田も厳しい軍事教練を受けた。

夏のある日、軍事教練で多摩川の土手を行進していたとき、池田は気分が悪くなって倒れかけた。まわりの友人が支えてくれたので、なんとか行進は続けられたのだが、工場に戻って血痰を吐いた。そこまで結核が進んでいたのだ。薬が手に入るあてはなく、療養所の空きベッドを待っているときに、城南（羽田、大森、池上、荏原、蒲田方面）に空襲があり入院の話はうやむやになってしまう。

そんな池田にとって、唯一の生き甲斐は読書であった。工場の昼休みに中庭の芝生で、あるいは休日に家の近くの墓地に行き、一日中、心おきなくページをめくる。読書好きの友人5、6人と週に2、3回、短い時間でも最近読んだ本の感想を語り合った。本を読むと希望が持てた。生きる意味を掘り下げることができた。

1945（昭和20）年3月10日、東京を大規模な空襲が襲った。この空襲後、それまで以上の規模での強制疎開が決まった。池田の家もその対象になった。そこで、近隣に住む母の妹宅の裏に一棟を建て増しして、リヤカーで少しずつ荷物を運んだ。胸を病んでいた池田には重労働だった。

しかし、引っ越しを終えた夜、大森、蒲田地区を、約200機のB29が襲い、新しい家も焼夷弾（しょういだん）の直撃を受けた。吹き上がる炎の中、動けない子之吉に代わって池田と弟が必死に持ち出したのは書類かばんと長持ち一つだけだった。それ以外の家財は全部燃えてしまった。その長持ちの中には雛人形とコウモリ傘1本が入っていただけだったという。

一家のバラック住まいが始まった。防空壕の穴に、焼け残りの板などをつかって簡単な屋根をかけただけの家は、雨も風も吹きさらしだった。

そしてこの年の8月、敗戦を迎えた。池田は17歳だった。敗戦は、池田に大きな虚無感を与えた。何のための戦争だったのか、国家とは何なのか。

池田は『私の履歴書』の中で、当時の思いを次のように語っている。

「これから新しい日々が、まったく新しい日々が始まろうとしている。そのひめやかな予感のなかで、十七歳の私は不安と期待を交錯させていた。しかし現実には、人々は生きていくのに精一杯であった。荒廃した街に残ったのは、食糧事情のいよいよの悪化であった」

ともかく勉強がしたい、本を読みたいと池田は思った。しかし、当時の彼には支えるべき家族の生活があった。

池田は、神田の東洋商業学校（現・東洋高等学校）の定時制2年生に中途編入して学びながら地元の工場で働いた。翌年からは西新橋にある印刷所に勤めるようになった。印刷の仕事を選んだのは、敬愛していた作家の吉川英治が印刷店の少年活版工だったことを知っていたからだ。小遣いをためては、古本屋街を歩いて本を買った。国木田独歩、石川啄木、徳冨蘆花、西田幾多郎、三木清、トルストイ、ユゴー、ルソー、ペスタロッチ、ホイットマン、ゲーテ、ベルグソンなど、池田の読書の幅は広かった。

しかし依然として体調は悪く、大量の血痰を吐く日が続いた。池田は自分の命は短いと思い、生き急いでいたのではないだろうか。印刷所の社長も、池田の体調をずいぶん心配したようだ。疲れたら休んでもいい、そう言ってくれることもしばしばだったが、その状態が1年も続くと、池田はいたたまれなくなり、自宅で静養することに決めた。

敗戦の翌年になると、戦地に行っていた兄たちが次々に復員してきたが、長兄は音信が途絶えたままだった。

1947（昭和22）年の5月、役所から1通の書状が届いた。長兄の戦死公報であった。やがて骨壺が戻ってくると、母はそれをじっと抱きかかえた。長男を亡くした深い悲しみに静かに耐える母の姿を、池田は正視することができなかった。

悲しみに暮れているのは池田家だけではない。家族を亡くし、涙を流している人たちが日本中にはたくさんいる。多くの犠牲を出してまで戦争をする意味は何だったのか。戦争ほど悲惨で残酷なものはない――池田の心には戦争に対する激しい怒りと憎しみが刻み込まれた。

戸田と池田が出会いを果たす

池田は、印刷会社を辞めた後も、近くの同世代の若者たちとつくった読書サークルの活動は続けていた。ある日、友人の一人が、生命哲学について話す会があるから出席しないかと池田を誘った。

「どういう先生が来るのか」と問うと、戸田城聖という名前が返ってきた。聞いたことのない人物だった。当時の出会いについて、池田は次のように綴っている。

「占領下の東京、城南一帯はまだ焼け野原。小さなバラックや防空壕がいまだに散在している。夜、窓からもれてくる裸電球の灯も薄暗い。八時過ぎ、街灯もない暗い道を歩いていった。めざす家の玄関をはいると、二十人ばかりの人びとがいたが、ややしゃがれた声で、屈託ない声でしゃべっている四十代の人の顔が目にはいった。広い額は秀でており、度の強い眼鏡の奥が光る。その座は、不思議な活気に燃えていた。

自由闊達な話を聞いていると、いかなる灰色の脳細胞でも燦然と輝き出すような力があった。

この人物が、私の人生を決定づけ、私の人生の師となった戸田城聖先生であった」（『私の履歴書』）

池田を誘った友人によれば、全くの初対面なのに、戸田は池田に尋常ならぬ興味を持ったようだったという。同席した友人がやきもちを焼いたほどだった。

「初対面ながらも不思議に親しみの情がわき上がってくるのを禁じえなかった。講義と質問への応答が一段落すると、戸田先生は微笑しながら『いくつになったね』と尋ねられた。仁丹をかみ、たばこをふかしておられた。十九歳ということを耳にして、ご自身も故郷の北海道から東京へ初めて上京したときもそんな年ごろだった、と懐かしげに語られる」（『私の履歴書』）

池田は戸田に三つの質問をした。

正しい人生とは、本当の愛国者とは、天皇をどう考えるか――。

その一つひとつに、戸田は簡潔ながら真剣な答えを返してくれた。そこには理論をもてあそぶような素振りは一切なかった。池田の燃えるような求道の心は、人生の師との出会いを見のがさなかった。

「この人なら信じられる！」

池田は、瞬間的にそう思ったという。なにより、戸田の人格に魅せられたのだった。同時に、戸田が戦時中に国家権力の弾圧に抗して獄に入った人物であると知ったことも大きかった。『私の履歴書』には当時の思いが次のように綴られている。

「二年間の獄中生活に耐え、軍国主義思想と戦った人物には、信念に生きる人間の崇高さと輝きがある。極論すれば、当時の私にとっては『戦争に反対して獄にはいったか否か』ということが、その人間を信用するかしないかを判断する大きな尺度になっていた」

こうして池田青年は、戸田が率いる創価学会と出合うことになる。1947（昭和22）年の8月のことだった。

池田大作、創価学会への入信を決意

戸田と出会い、その人柄に魅せられた池田だったが、すんなり信仰の道に入ったわけではなかった。池田は迷い続けた。一方、父親の子之吉は池田の入信に強く反対した。池田家は、真言宗の家系だったのである。

逡巡（しゅんじゅん）を重ねた結果、戸田との初めての出会いから10日後、1947（昭和22）年8月24日に、池田は創価学会に入信した。

しかし、仏法のことを深く理解し納得したわけではなく、池田は入信後も悩みに悩んだ。「折伏せよ」と言われて、友人たちを折伏しようとするものの、逆にみんな離れてしまう。会合に行くのがいやで、その時間に映画を観てしまったこともあった。

入信から1年が過ぎた秋、池田は、戸田が経営する出版社「日本正学館」で働いてみないかと打診され、「お願いします」と答えた。即答だった。読書好きで、将来は文学で身を立てたいと願っていた池田にとって、戸田の出版社で働くことは夢への第一歩でもあったのだろう。志を叶えることが仏法の探求につながる、池田の中で道が一本につながった瞬間ではなかったか。逡巡していた池田の背中を戸田が押す形で、池田は創価学会で生きる決心をしたのだった。

戸田は実業家として優れていた。戦前の最盛期に経営していた会社の数は17にのぼり、今でいえば月に1億円を超える収入を得ていたという。しかし、戦時中の弾圧で投獄され、出獄したとき、日本は厳しい不況に襲われていた。倒産が相次ぎ、戸田の会社も例外ではなかった。投獄前に経営していた会社はどれも経営が成り立たず、巨額の負債が重く戸田にのしかかった。亡き師の志を継ぎ創価学会を再建させることに加え、事業を再起させることも戸田に課せられた使命だった。

そうした逆風のなか、戸田は日本正学館を立ち上げたのだった。

池田が入社した当時の日本正学館は、『民主主義大講座』をはじめ、小説や雑誌などを発行していた。入社した池田は、さっそく少年雑誌「冒険少年」の編集を担当することになる。さらに1949（昭和24）年の5月には編集長に任命された。21歳という若き編集長が誕生した。池田は実家を出て、大森のアパートで単身生活を始める。仕事はきつかったが、体調はなんとか保つことができた。

池田には少年の頃から、「新聞記者か雑誌記者になりたい」という夢があり、それが叶ったわけだ。憧れの職業に就いた池田は編集の仕事に全身全霊を注いだ。しかし、「冒険少年」は部数を伸ばすことはできなかった。どれだけ池田が奮闘しても、大手出版社の圧倒的な宣伝力と機動力には勝てるべくもなかった。さらにインフレの嵐が吹き荒れ、抑止力となるはずだったドッジ・ラインは逆にデフレを招き、資本力のない中小企業を苦しめた。働いても利益を上げることはできず、借金だけが嵩（かさ）んでいくという悪循環に日本正学館も陥っていく。

そうした苦境にあっても戸田は、創価学会の再建に力を尽くしていた。実はこの頃、日本正学館は創価学会の本部としての役割も果たしていた。生活苦などに打ちひしがれていた学会員たちは、すがるような思いで戸田のもとを訪れたという。長引く不況のなか、誰もが救いを求めていたのだ。そうした学会員たちで会社は昼夜を問わず賑わい、戸田はその一人ひとりに信仰の大切さを説いていった。

編集者生活と個人授業

１９４９（昭和24）年７月、創価学会の会員向け機関誌「大白蓮華（だいびゃくれんげ）」が創刊された。このときはまだ、創価学会の夏季講習会の参加者は約３００人にすぎなかった。

一方、池田が編集長を務める「冒険少年」は依然として伸び悩んでいた。10月号から「少年日本」と改題して再出発を図るものの、10月末には休刊が決まった。

池田はなんとかして「少年日本」を軌道にのせようと奮闘していたが、戸田にはもう余力が残されてはいなかった。池田が日本正学館に入社してからわずか1年も経たず、戸田は「少年日本」を休刊させ、出版事業からの撤退を決心する。池田を除いた社員たちは全員、前年の１９４８（昭和23）年に戸田が発足させた金融会社・東京建設信用組合に吸収されていった。残された池田は、戸田の事業を支える一方、この時期に直接戸田から個人授業を受ける機会を得る。

　実は池田は日本正学館に入社する前年、１９４８（昭和23）年春に東洋商業学校の定時制を卒業して、大世（たいせい）学院（現・東京富士大学短期大学部）の政治経済科夜間部に通っていた。だが、編集長の仕事に忙殺され、大学に通い続けることは叶わなかった。

　そこで１９５０（昭和25）年、東京建設信用組合が本格的に始動する前に、戸田は池田に個人授業を行なうことを告げた。自分の事業のため、池田が大学に行けなかったことを心苦しく思っていたのだろう。約束どおり戸田は毎週日曜日、朝から夕方まで、自宅での個人授業を始めた。戸田の講義は学問万般（ばんぱん）について行なわれた。

　池田は講義の後、戸田と夕食をともにすることもあり、ときには戸田の親戚の家で教わり、そのまま一泊することもあったという。なんと、この個人授業は戸田が他界する前年の１９５７（昭和32）年まで、約8年にわたり続けられた。日を追うごとに科目は増し、経済学にはじまり、法学、化学、天文学、さらに日本史や世界史、政治学と実に幅広く講義が行なわれていた。

「戸田大学」ともいえるこの個人授業が始まった1950（昭和25）年に、実は戸田の事業は最大の危機を迎えていた。春になると東京建設信用組合は経営に行き詰まり、ついに8月22日、業務停止を余儀なくされた。負債額は当時の金額で7000万〜8000万円にものぼり、戸田と池田は連日のようにやってくる債権者の対応に追われることになった。

東京建設信用組合に業務停止命令を下したのは、監督官庁である大蔵省（現・金融庁）だった。東京建設信用組合の専務理事であると同時に、創価学会の最高責任者である理事長という任に就く戸田の事業の失敗は、学会員たちに大きな動揺を与えた。彼らの不安を軽減するために、戸田は創価学会の理事長職から退（しりぞ）くことを決心。後任には、戸田と同様、戦時中に入獄した経験を持つ矢島周平が就いた。

しかし、戸田の理事長辞任という決断は、当然のことながら事業の債権者にとって、直接には何の関係もなかった。業務停止命令を受けた東京建設信用組合が清算業務に移行したことに対し、批判の声は鳴り止まず、大蔵省や警察に訴えると脅しをかけられることもあったという。

だが、戸田は「必ず返済する」と言って、債権者に謝らなかった。間に立って頭を下げるのは、いつも池田であった。業務停止後ほどなくして、池田ら社員への給与は遅れるようになり、ついに払われなくなってしまう。社員の多くは学会員であったが、さすがに無給で仕事を続けるわけにはいかず、一人、二人と辞めていった。

大蔵省が戸田の逮捕も視野に入れていたことを知った池田は、体調が悪いなか必死で債権者を訪ね歩き、返済猶予など了解を求めてまわった。『私の履歴書』には当時の心境が次のように綴られている。

「背中にいつも痛みがあり、くる日もくる日も三十九度近くの熱を出した。それでも私は気力だけで動いた」

季節は夏から秋に変わり、晩秋の冷たい風が吹く頃になっても、上着の買えない池田は開襟シャツ1枚で債権者のもとを歩き続けた。自らの貧困と病を抱えての債権者との対峙、池田は壮絶な闘いの日々を送っていた。

結局、最後まで戸田のもとを離れなかったのは池田のほか2、3人しかいなかった。それも戸田の親戚の人間であったのだ。

戸田城聖、創価学会第2代会長に就任

絶体絶命の苦境のなか、戸田と池田は新しい年を迎えた。1951（昭和26）年1月6日、戸田は池田を自宅に呼び出し、ある決意を告げた。

自分にもし、万一のことがあったら、創価学会のことも仕事のことも、そして家族のこともすべて引き受けてほしい、と。池田はその戸田の言葉にただならぬものを感じた。このとき戸田は自ら検察当局に出頭する覚悟を決めていたのだ。

しかし2月に入ると大蔵省から内意が通達され、事態は一変する。組合員の総意がまとまるなら、組合を解散しても差し支えないというのだ。専務理事である戸田への責任追及はこれで終わることになり、法的責任は解消となる。池田はのちに、このときのことを「万事休すと思った、奇跡としか言いようがない」と語っている。組合員の決議を受け、3月11日付の解散登記をもって、信用組合は消滅した。ついに戸田は池田とともに最大の苦境を乗り越えたのだ。

経済的な窮地に追い込まれるなかで、戸田は、事業の再建に精を出したことに宗教

的反省を感じた。経済基盤がなければ仏法流布の大業も成し遂げられぬと考えた末の選択だったが、もしや自分は会長就任を避けていたのではないかと、戸田は自問した。

戦後発生した多くの新宗教団体が急速に発展しているのに比べ、会長不在が続いたため、創価学会の進展は微々たるものでしかない。しかも、事業のほうも失敗してしまった。

信用組合問題の解決を機に、戸田は新たな前進を心に誓う。

ついに戸田はこの年の5月3日、創価学会第2代会長に就任する。1944（昭和19）年に初代会長・牧口が逝去して以降、戸田が最高責任者として創価学会を率いてきたが、会長職に就くことはなかった。東京建設信用組合の解散が決まったことで、戸田はついに6年以上も空位のままだった会長職に就く決心をしたのだ。

そして迎えた東京・向島の日蓮正宗寺院・常泉寺での会長推戴式の席上で、戸田は今後の願業として折伏布教の推進を挙げて、自分が生存中に会員75万世帯の達成を宣言した。この戸田の宣言に、その場に居合わせた誰もが耳を疑った。なにしろ、当時の世帯数は実質3000世帯ほどだったのだ。目標に掲げた75万世帯という数字がいかに途方もないものであるかがわかるだろう。それでも戸田は満座に向かって、「もしも達成できなければ、私の葬式は出すな。遺骸は品川の沖に投げ捨てよ」とまで言い切った。会員の誰もそれを本気にしなかったが、戸田はなんと、それを６年半後の１９５７（昭和32）年12月に達成しているのである。

戸田が会長に就任した翌年の１９５２（昭和27）年、会員世帯は２万に到達し、さらに翌１９５３（昭和28）年には７万世帯を突破した。１９５５（昭和30）年に30万世帯を超し、１９５６（昭和31）年には50万世帯を達成。この勢いは、まさにすさまじいとしか言いようがない。次の章では、その原動力となったものをひもといていきたい。

〈用語の説明〉

＊1 **三障四魔**（さんしょうしま）

「障」は修行の実践を妨げること、「魔」は修行者の生命の輝きを奪うことをそれぞれ意味し、信心が深まり実践が進めば、それを阻もうとする三つの「障り（さわり）」や四つの「魔」が存在するということを表す。

＊2 **地涌の菩薩**（じゆのぼさつ）

釈尊が自身の滅後（末法）に法華経を広めるため、法華経の説法の場において大地の底から呼び出した菩薩のこと。地涌の菩薩は成仏の肝要の法を人々に教え広めることを誓う。

〈解説〉

創価学会の教義

現在の創価学会の会則の前文には次のように書かれている。

「釈尊に始まる仏教は、大乗仏教の真髄である法華経において、一切衆生を救う教えとして示された。末法の御本仏日蓮大聖人は、法華経の肝心であり、根本の法である南無妙法蓮華経を三大秘法として具現し、未来永遠にわたる人類救済の法を確立するとともに、世界広宣流布を御遺命された」

ここにあるように、創価学会は日蓮を「末法の御本仏」として仰いでいる。末法とは仏教の歴史観で、釈尊滅後２０００年以降を指す。この時代は濁った悪世だといわれ、日本では平安時代末期に末法に入ったとされた。鎌倉時代に生まれた日蓮は、釈尊が説いた経典の中でも最高とされる法華経で明かされた究極の真理を「南無妙法蓮華経」であると悟り、これを三大秘法の本尊として具現化した。三大秘法とは本門の本尊、本門の題目、本門の戒壇のことである。創価学会では、この本尊を信じて南無妙法蓮華経の題目を唱えれば、誰もが一生のうちに成仏することができるとされている。これが「一生成仏」の教義で、創価学会の信仰目的の一つである。さらに、釈尊や日蓮が後世の弟子たちに託した「広宣流布」を目指している。広宣流布とは、仏法の教えを広く流布し、人類の幸福と社会の繁栄、世界平和の実現を目指す運動を指す。つまり自分の幸せだけを願うのではなく、あらゆる人々が「共に幸福に」なっていく社会を建設することが創価学会の目指す広宣流布である。

南無妙法蓮華経

創価学会の教学の基本テキスト『教学入門』には、「南無妙法蓮華経」とは「日蓮大聖人が覚知された、万人の苦悩を根本から解決する法」とある。「南無」は帰命（命を帰すること、信ずること）を表す古代サンスクリット語で、「妙法蓮華経」は法華経の正式名称である。ただし、単に経典名に南無を冠したのではなく、それ自体が「宇宙と生命を貫く根源の法」「仏の生命そのもの」であり、「成仏の根本法」である。妙法蓮華経の中の「妙法」とは、人間が考えも及ばない不可思議な法を意味し、「蓮華」は花と実が同時に成長するという生命の深い因果律を表し、「経」は教えという意味である。

第2章 創価学会の拡大と救済論

〈1950年代〉

組織の大再編と折伏大行進

会員世帯数を3000世帯から75万世帯に増やすという途方もない目標を、戸田城聖は6年半後に実現した。ここでもう一度、推移を振り返ってみよう（数字は各年末時点）。

1951（昭和26）年　5728世帯
1952（昭和27）年　2万2324世帯
1953（昭和28）年　7万4246世帯
1954（昭和29）年　17万世帯
1955（昭和30）年　30万7490世帯
1956（昭和31）年　50万世帯
1957（昭和32）年　76万5000世帯

これを見ると、まさに倍々ゲーム、いやそれを上回る勢いで会員世帯が増えていったことがわかる。創価学会では本尊下付(かふ)数が会員掌握の基本単位となっているため、家族一人が入信しても、家族全員が入信しても同じ一世帯としてカウントされる。つまり、実際はここに記録されている以上の人数が存在するということだ。

会員世帯を3000から75万に増やす。

戸田がそう宣言したとき、実際に達成できると予想した人は、誰もいなかった。しかし、わずか6年半で戸田はこの〝奇跡〟を実現した。果たしてその原因とは一体何であったのか。ここでは創価学会の躍進の秘密に迫る。

まず初めに戸田が構想したのは、新聞の発刊だった。広宣流布には、思想啓発運動という側面もあり、人々の意識を変革する必要があると戸田は考えた。そのためには新聞の発刊が必要なことを痛感していたのだ。十分な資金があったわけではなかったが、池田大作をはじめとする若い学会員たちの奮闘により、発行部数5000部の聖教新聞第1号が、戸田の会長就任直前の1951（昭和26）年4月20日、世に送り出された。当初は旬刊（10日に1度の発刊）で2ページ建てだったが、戸田は創刊号か

旧・創価学会本部の建物（東京・西神田）

ら自身の自伝的小説「人間革命」を連載した。現在、聖教新聞は日刊化され、発行部数は数百万部と、読売新聞、朝日新聞に次ぐ日本第3位につけ、宗教団体の機関紙としては異例の規模を誇っている。この時期から戸田は、大規模な宗教運動におけるマスメディアの重要性を認識していたようだ。

同時に組織の大再編を敢行。会長就任と同時に、指導監査部、婦人部、地方折伏部、青年部、企画部などの新組織を発表し、続いて同年7月11日、会長直属の男子青年部（4部／出席者187名）を結成し、19日に女子青年部（5部／出席者70名）を結成した。戸田に直結する行動組織がここに誕生し、折伏の中心戦力として育成されることになった。

戸田は、未来を託す青年部に明確な指針と希望を与えるべく、彼らを鍛えることに心を砕いた。広宣流布を果たすためには、次代を担う人材の育成がなにより大事と考えたのだった。

初期の創価学会研究で知られる宗教学者の村上重良（しげよし）は自著『創価学会＝公明党』（青木書店／1967年）で次のように述べている。

「（1951年・筆者註）一一月一日、戸田は青年部に『青年訓』を与え、『新しき世紀を創るものは青年の熱と力である……奮起せよ！　青年諸氏よ、闘おうではないか！　青年諸氏よ』とよびかけ、その闘いは、第一に無智の者に永遠の生命を訓え、第二に邪智邪宗の者に立正安国の根本義を訓え、第三に衆生を愛する慈悲の闘いであるとし、そのためには、第一に絶対的確信に充ちた信仰に立ち、第二に行学に励み御書を心肝に染め、第三に行動は真摯にして暴言をもちいず、邪義邪宗にたいしては一歩も退かぬ勇気をもち、第四に学会精神を会得して広宣流布の中心人物たることを自覚せよ、と説いた。つづいて一〇月一〇日、男女部隊長に『部隊長訓』を与えた。

戸田は、戦前派幹部への抜きがたい不信感の必然的な帰結として、青年信者に大きな期待を寄せ、男子青年部結成式においても、参集した一一〇余名の青年部員のなかから、かならず次の会長が現われるであろうと宣言し、部員に東洋の広宣流布を命令した。青年部員の多くは、経済的にも恵まれず、近代的な生活意識から隔った生活環境で成人したから、戸田による正面切ってのエリート意識と使命感の注入は、衝撃的な感動を与えたにちがいない」

池田大作をはじめ、北条浩、秋谷栄之助、森田一哉など、のちの創価学会の中核となる人々がこの段階での青年部員であった。

青年部に対する村上の記述はさらに続く。

「戸田は、旧軍隊の思い出に反発する社会的風潮を意に介することなく、男女青年部を軍隊式の部隊組織とし、部隊長を任命し、部隊旗を授けた。世論の反感よりも、戸田は、行動組織としての効率を第一に考えた。軍隊組織は、ながい歴史のなかで練り上げられた、統制と集団行動にもっとも適合した組織にほかならないからである。翌年二月九日、青年部に参謀部が設置され、（中略）参謀部は、実質的には創価学会の主要な活動の企画と指導を担う中枢であった」

こうした村上の考察どおり、戸田は青年部に対し教育面でも厳しい強化と指導を組織的に進め、広宣流布を推進するエンジンにしたのである。

一方、学会員の教学振興にも力を入れていった。教学部を設け、教授、助教授、講師、助師など教学上の階級制を設けて、試験によって教学部員を任用、各級の資格を与えることにした。この教団内のエリートの選抜と序列化は、会員の向上意欲を高めるのに実に効果的だった。創価学会を成功に導いた要因の一つが、このように人材育成のシステムを整備したことにあるのではないかと私は見ている。

戸田は、教学部の強化と並行して厳しい布教目標を掲げる。いわゆる「折伏大行進」

をスタートさせた。「折伏」とは布教を指す仏教の言葉で、1951（昭和26）年11月には折伏のためのテキストとして『折伏教典』を刊行した。『折伏教典』は、外部からは「創価学会の歩兵操典」と揶揄（やゆ）されたが、学会員が折伏を進めやすいよう、既成仏教や新興宗教の欠陥や矛盾、つまり他宗攻撃のための理論が初心者にもわかりやすく簡潔に書かれている。ここにその一節を紹介しよう。

まず、キリスト教については「救われない宗教」と断言。その理由については次のように述べられている（1968年9月12日　改訂26版より引用）。

キリスト教では、よく信仰が深まれば死に直面しても驚かないとか、不安に耐えうるとかいっているが、それはすべてあきらめの結果である。（中略）キリスト教には現実の生活を変える力がない。生活の苦悩をいいわけする論理を組み上げてあるだけである。現世の宿命すら転換することができないのだから、まして、天国などという来世の保証など、およびもつかぬ話である。

次に神道に関する記述である。

日本の神は氏神が中心である。氏神は氏（部族）の上（長）であって、一族を守るものであり、天照大神は民族全体の長であり、日本全土を守るものである。（中略）ところが、今度の戦争で、日本は全国民あげて天照大神を奉じ、西欧哲学を奉ずるアメリカと戦った。その結果、無残な敗戦だった。天照大神は、日本の氏神の大将なのに、どうして日本を守らなかったのであろうか。

『折伏教典』は、こうした論調で天理教、金光教、生長の家、ＰＬ教といった、主な宗教の矛盾点をついている。これは学会員が知人や友人を折伏するときに相当な威力を発揮したというが、一方では、独善的に相手を説き伏せていったともいえるだろう。他宗を邪教と言い切ったことに対して、私は少なからぬ疑問を持っている。なぜなら、その後の日本社会に創価学会への大きな反発勢力をつくってしまったからである。しかし、弱者が強者に立ち向かうためには、まず相手を批判するしか方法がなかったことも理解はできる。新しい宗教教団の勃興期に陥りがちな排他性という落とし穴に、創価学会もまたはまっていたということだろう。

戸田と池田、二人三脚の闘い

折伏大行進の甲斐もあり、創価学会はわずか6年半で会員世帯を75万まで押し上げた。この躍進の陰で、最も実力を発揮したのが池田大作であった。戸田の片腕として活躍した池田の存在なしに、当時の創価学会を語ることはできない。

戸田が創価学会の第2代会長に就任した後は、池田大作は青年部の幹部として精力的に組織を率いていく。そんな池田に対し、戸田は全幅の信頼を寄せていた。

こんなエピソードがある。戸田が創価学会を軍隊式に再編成していた最中、池田に「創価学会の組織は好きか」と尋ねた。先に紹介したように、当時の創価学会は、周囲からは折伏に特化した戦闘的な集団と見られていた。池田は率直に、まるで軍隊のような命令調の幹部のあり方、何かに縛られているような組織の窮屈さは好きになれませんと答えた。下手をすれば、怒りを買いそうな池田のこの発言に対し、戸田は「ならば、大作の好きな組織にすればよいではないか」と答えたという。お互いそこまで本音を言い合える関係だったということだろう。

こうして2人は師弟として活動を続ける。しかし当初は折伏の成果は芳しくなく、戸田が掲げた目標は果たせずにいた。計算すると、このペースでは広宣流布は数万年もかかってしまうことになる。足踏み状態が続く折伏大行進を活性化させるべく、戸田はある決断をする。1952（昭和27）年1月、「そろそろ『大』（池田大作の愛称・筆者註）を出すか」、そう言い、それまで戸田が事業の片腕として頼りにしていた池田を創価学会の組織の最前線に送り出す。当時の支部の一つ、東京の蒲田支部の補佐役である支部幹事に任命したのである。

ちょうどこの頃、戸田は折伏に拍車をかけるため支部の体制を整備した。その中で、各支部を世帯数、布教の成果によって、A級、B級、C級と3段階に格付けした。宗教団体には珍しい実力本位の編成を行なうことによって、それぞれが競い合いつつ、向上していってほしいという戸田の願いが込められていた。

池田が支部幹事に任命された蒲田支部は当時約900世帯で、A級支部ではあったが、さっぱり成績の上がらない支部だった。成績の振るわない蒲田支部に、自身の懐刀ともいうべき池田を配したのは、それだけ戸田の期待が高かったということだろう。

池田は「組で月に2世帯折伏する」という具体的な目標を定めた。組というのは当時の最小の組織単位で、10世帯くらいで構成されていた。

それまでは暗くて沈んでいた蒲田支部の会合が、池田が話すと沸きたち、池田と話をすると誰もが元気になったという。池田が支部内の空気を一変させた。その結果、なんと池田が支部幹事として蒲田に入った翌月、2月のひと月間で、蒲田支部は201世帯の折伏成果を上げている。当時、A級支部ですらひと月で100世帯の成果を上げるなど到底無理と考えられていた。まして200世帯など夢のまた夢の数字であったところ、池田はそれを実現した。池田が達成した数字は、多くの先輩幹部たちを驚かせた。

当時の青年部長だった辻武寿（つじたけひさ）は、組2世帯の目標は、組に自信とやる気を持たせた上に、誰もがのびのびと頑張れる空気を池田がつくったと語っている。若い池田が特別の力量を示したのだ。

これにより、停滞していた全体の折伏の勢いにも弾みがついてきた。1952（昭和27）年の1年間で、創価学会全体の会員数は前年の5728世帯から一挙に2万2324世帯へと増加し、わずか1年で約4倍の勢力になった。若い池田が蒲田支部で驚異的な折伏成果を上げたことが、各支部にとってある種の起爆剤となり、どこも負けじと活動した結果といえよう。広宣流布の前進を阻んでいた壁が打ち破られたのである。その立役者は、紛れもなく池田であった。こうして戸田の指揮のもと折伏大行進は急速に勢いを増していく。

また、この年の9月、東京都知事の認証を得て、創価学会は宗教法人の資格を取得した。それまでは宗教法人である日蓮正宗に所属する信徒団体であったが、戸田は法人化によって、創価学会が各種の宗教活動をより広く進めやすくするために宗門の了解を取り付けたのである。同時に、宗門を外護（げご）、つまり宗門を支える体制を強化した。

なお、戸田は会長就任直後の1951（昭和26）年5月には、法主の水谷日昇（にっしょう）から創価学会常住の本尊の下付を受けている。さらに、宗門の碩学（せきがく）といわれた元法主の堀日亨（にちこう）に依頼し、日蓮の論文や消息文をすべて網羅する『日蓮大聖人御書全集（にちれんだいしょうにんごしょぜんしゅう）』を翌1952（昭和27）年4月に発刊した。会員を日蓮の生きた仏法に触れさせるためである。

「生命論」と「人間革命」

創価学会が日蓮系の一派である日蓮正宗の信徒団体としてスタートしたことは、すでに述べたとおりだ。本尊も教義も基本的には日蓮正宗と同じであるが、牧口も戸田も伝統の枠にとどまらず、仏法を現代に展開させようと積極的に努めた。牧口は自らの創価教育学と法華経を融合させようとし、戸田も日蓮仏法をわかりやすく人々に伝えることに心を砕いた。

その中でも戸田の教学、そして折伏大行進の中軸となったのは、彼が獄中で悟達したという「生命論」であった。

「生命論」は1949(昭和24)年に創刊された機関誌「大白蓮華」に掲載された論文で、「第1章 生命の不可思議」「第2章 三世の生命」「第3章 永遠の生命」「第4章 生命の連続」という四つの章から成り立っている。戸田はここで、日蓮大聖人の仏法哲理を現代的に体系化することを試みた。

獄中で法華経を読む機会を与えられた戸田は、仏の本質について思索を重ね、ついにはそれが生命であると解き明かすに至った。「悟達」と呼ばれるその体験が「生命論」の基盤になったともいわれている。

戸田はここで、生命の実在とは三世を超え、無始無終であることを説いている。さらに死後の生命はどうなっていくのかといった、最も難解な問題に踏み込んでいる。死後の生命に関し戸田は、人々の心の動きを例にとって説いている。嬉しいことがあり喜んだとしても、時間が経てばその喜びは消えてしまう。それはつまり、喜びが心のどこかへ溶け込んでしまったことを意味する。同様に、死後の生命も宇宙の大生命に溶け込んでいるというのだ。そして、この生命論をふまえて、各人が永遠の幸福、つまり成仏するために日蓮が顕した本尊を信じ、題目を唱えることだと結論する。

このように戸田の生命論には、僧侶に祈願してもらうという既成仏教的な教えは存在しない。幸福になるためのポイントは、信仰した個人の信心の強さにあり、僧侶という聖職者が介在することは前提とされていない。ここに戸田の生命論の独自性があるのであろう。正直、私はこの生命論に関し、特に死後の生命については門外漢だということもあろうが、全く理解できていない。なぜなら前世を見た人も、来世を見た人もいないのだから。なぜ、それを存在すると信じられるのか。後述するが、三世論については、池田大作に直接疑問をぶつけたことがある。

生命論とともに、創価学会の信仰の軸となっているものに「人間革命」がある。戸田は戦後、日蓮仏法を広めるにあたって、「成仏」とほぼ同じ意味を持つ言葉として「人間革命」をあてはめたという。日本では近世以来、臨終を「成仏」と呼んでいたが、それは戸田によれば俗語化だという。そこで、〝仏道修行によって生命を変革し、絶対的幸福境涯を確立する〟ということを表現するために、当時話題になっていた「人間革命」という言葉を選んだ。

私は当時、創価学会が政治進出したこともあり、「人間革命」に政治的意味が含まれているのではないかと疑問を抱いたのだが、戸田としては、あくまで宗教的な内面変革を意味していたようだ。「人間革命」は、戸田が自分の自伝的小説のタイトルとし、池田も創価学会の歴史を綴った小説のタイトルとしてそれを踏襲。人間革命は、創価学会が進める宗教運動を象徴する言葉になっている。

この人間革命を軸として、救済のためのさまざまな教えがあるという。まずは「宿命転換」だ。何人もの学会員にインタビューをしたが、話の中に必ず「宿命転換」という言葉が登場する。話を聞くと、日蓮仏法では人間の悩みや苦難は現世の行ないの結果の場合もあるが、前世の自分の行ないが原因になって今世に現れていることも多いという。それを「宿命」や「宿業」と呼ぶらしいが、私も含め大多数の人はたいていの場合、それを運命として諦めてしまうのではないか。

しかし日蓮の教えは、正しい信仰を実践することで苦しみの原因である悪い宿命を転換し、善の方向へと変革できると説く。そのための修行が勤行・唱題であり、折伏で人を救うことだというのだ。学会員は「自分が変われば周囲の環境が変わる」「宿命を使命に変える」とよく語る。これが宿命転換の教えだが、折伏された側は反発を覚えるのではないだろうか。それを強引に行なったため、創価学会は世の中から危険な宗教団体だと思われたのである。

一方で、学会員はよく「(本尊から)功徳をもらった」と言う。「功徳」とは信仰によって生じる生活面での目に見える利益である。物質的なことが多いが、精神的な救いもある。座談会の場などで、経済的に潤った、病気が治った、受験や就職試験に合格したなどという話が出るらしいが、これらも功徳として語られる。そう聞くと、「創価学会は現世利益にこだわる御利益宗教である」と思ってしまうが、学会側は、それは短絡的な考えではないかという。

創価学会の「功徳」とは題目を唱えさえすれば、それで願いが叶うという他力本願なものではないという。まず信仰によって自己を変革して宿命転換するとともに、日蓮の命を受け広宣流布に励んで初めて、「功徳」を得ることができる、つまり「現世利益」が訪れるという関係になっているというのだ。

教学部長の森中理晃（まさあき）は、「創価学会は信仰上、自力と他力、両方のベクトルを持っているのです」と語る。

「自力と他力の両方を持つ」とはどういうことを意味するのだろうか。森中に詳しく問うてみた。

「一般の宗教は、神や超越的な仏を頼る他力による救済がほとんどです。かといって、自力のみに偏ると、人間は自分の限界を超えることができません。仏法では、他力を法として捉えるとともに、その法は自分の中にあると説きます。仏の根源的な法に則ることで、人間は思いもよらない利益を得ることがあります。ただし、その大いなる力を引き出すためには自力を鍛える必要があります。それによって自己変革を実現し、仏や法の力を引き出す。誰かに救ってもらうことを望むのではなく、自己を変えることで自分自身を救済する、それが創価学会の救済論なのです」

創価学会では、「彼岸（あの世）」ではなく、「此岸（この世・現世）」での幸せを願って勤行・唱題を行なっているという。学会員は朝と夕に1回ずつ、各家庭に安置されている本尊に向かって、法華経の方便品＊1と寿量品＊2を読誦し、南無妙法蓮華経の題目を唱えるのだ。題目を唱える時間に決まりはないが、熱心な会員になると1日に約1時間、あるいはそれ以上唱える。唱題1時間で回数にして3000～4000回ほど題目を唱えることになるという。

「勤行・唱題を行なうと元気になれる」「活力が湧いてくる」と学会員の誰もが口をそろえて言う。どうやら勤行・唱題を行なうことで前に進むための内発的な力が湧いてくるらしい。創価学会では、それを「仏の力を汲み出す」と表現する。戸田のもとを訪れた人たちがその話を聞き救われたように、題目をあげることで仏の力が引き出され、学会員たちはそれによって困難を乗り越え、宿命転換できると捉えているようだ。

浄土宗などほかの仏教各派やキリスト教などが来世での救済を説くのとは異なって、現世で宿命転換できる。困難にぶちあたっても、自分を変えることでそれをプラスに変換できる。この教えが学会員たちに大きな希望を与えることになり、このことこそが創価学会が学会員を激増させた要因になっているのだろう。しかし、そんなことが実際に起きるのだろうか。

乳がんで逝った母に「生きる意味」を学ぶ

戸田城聖の進めた折伏大行進のもと、創価学会は驚くべきエネルギーで世帯数を増やしていくが、多くの人を惹きつけた宿命転換の教えとはどういうことなのか。その中身を探るため、学会員に話を聞くことにした。

潮出版社の編集者であった阿部博の母は、病に直面しながらも信仰の力で苦悩を乗り越えた。

両親が学会員で、阿部自身は6歳のときに入信している。父親は東京都大田区の町工場で旋盤工をしていた。

実は阿部が小学校5年生のとき、母親が乳がんで死去する。享年38。5年間の闘病生活を続けながら、創価学会活動も積極的に行なっていたという。

「母親は座談会には積極的に出ていました。そこで乳がんに立ち向かっていくための、生きる力を得ていたと思います」

そうは言っても病に苦しむ母を見守るのは、小学生の少年には辛いことだったに違いない。

「放射線治療などでずいぶん費用もかかったようですしね。母が死ぬ直前に、僕ら家族を呼んで、不思議なことを言いました。『私はきょうだいや家族の中で一番初めに死ぬけれど、だからといって嘆かないでほしい。私はすごく幸せだったから。少しは人のために生きられたかな』と。母は病気になっても決してへこたれず、最後まで生き生きしていたように記憶しています」

母を亡くした後、小学生だった阿部は「生きる意味」について深く考えるようになったという。

「信仰を持っていても、人は結局死んでしまうんじゃないかと。その一方、母はすごく幸せだったと言う……。一体何が本当なんだろう、人はどう生きていけばいいのだろうと、ずっと考えていました。その結果、行き着いたのは、とにかく『生き抜く』ということ。持っている力のすべてを出しきって、『やっていく』しかないんだなと思いました」

彼はそのときすでに学会員だったが、母親の生き様を間近で見たことが、彼と創価学会をより強く結びつけたのであろう。そう言うと、彼は照れたように微笑した。

完治しない病とどう向き合うか

最高指導会議議長の秋谷栄之助にも話を聞いてみた。

秋谷は第5代会長を務めた人物で、現在87歳（取材当時）。学会員だった従兄弟の誘いで第2代会長・戸田城聖に会ったのは大学生のときだった。「豪放磊落でありながら、すべてを包み込む包容力を感じ、この先生ならすべてを託し一生ついていける」と即座に入信を決意した。秋谷は入信を決意した直後、自身に大きな変化があったと言う。

入信当時の秋谷は結核を患っており、大学を休学していた時期がある。ところが病身で静岡県の大石寺に参拝に出かけて行くのだ。

「大石寺に青年部200人が登山するから来ないかと、学会員の友人に誘われ、『俺、今結核で寝ているんだ』と言ったのに、『いいから来いよ』と強引に連れて行かれました。列車を富士宮で下車して、深夜、そこから大石寺まで約3時間歩いたのです。12月のことでしたので、寒かったですよ」

結核で休学して寝ていた人間を、寒い中3時間も歩かせるとは無茶な話だが、そこにはまだ続きがあった。深夜のため宿坊（しゅくぼう）は開いておらず、屋外で過ごし、早朝、宝蔵前の石畳の上で勤行し、牧口の墓に参って帰ったというのだ。

「結核が悪化したと思うでしょう。それが悪くならなかった。それどころか、それから一日も寝込まなくなったし、毎月座談会に出たり、学会活動に参加したり、忙しい生活をしているうちにすっかり元気になってしまいました」

つまり秋谷は宿命転換したことになる。しかし、誰もが彼のように回復するわけではなく、当然ながら、病気で亡くなる学会員も多数存在するのである。

大学時代から学会活動に励み、長年、編集者としても活躍してきた男性学会員は次のように語っている。

「もちろん病気になれば病院で医師の診察を受けるべきです。ただ同時に、自分の生命力を強めることも大事だと思います。そのために題目を唱えるのです。それによって免疫力や自然治癒力が高まり、治療効果がアップすると我々は考えています。創価学会では治療を拒否し、題目を唱えて病気を治そうとする、という誤解があるようですが、決してそんなことはありません。できるかぎりの治療を施した上で、信仰も深めていくのです」

一方、信心していても大病を患い、残念ながら命を落とす場合もあるはずである。誰もが病気を克服できる、つまり回復することを願い、毎日何千回も題目を唱えてきたはずである。その願いが叶わず亡くなってしまった場合、本人、そして家族たちはその結果をどう捉えているのだろうか。

こうした私の問いかけに、教学部長の森中はこう答えた。

「たとえ亡くなることになっても、創価学会ではそれを宿命転換と捉えます。死は決して敗北ではなく、最後まで諦めずに宿命に立ち向かっていった結果なのです。生に向かって挑戦した学会員は、闘病に関し『生き抜いた』『勝ち抜いた』という実感を持っています。亡くなるのは仏教で言うところの生老病死（しょうろうびょうし）ですから、いつか訪れることはやむを得ません。ただ、病気に向き合いながら、どう生き抜いたのか、どう立ち向かってきたのか、また、その姿をとおしてまわりの人たちをどう変化させたのか、それが大事です。題目をあげ抜いた学会員は『自分は勝利した』という実感を抱きながら最期を迎えます」

人生を好転させた励ましの言葉

人生の苦悩は病だけに限らない。人間関係、仕事の成果、子育ての苦労、家族との死別、老いへの不安など、悩みは人それぞれだ。現在、大手航空会社の国際線の客室乗務員として活躍している樋口麻里（仮名）も入社当時、激しいストレスに襲われたという。壊れかかった心と体を救ってくれたのが日蓮の教えだったと語る。

「学生時代はずっと教員を目指していました。ところが、大手航空会社の客室乗務員をしている先輩にお会いした際、その方がお話しされた、『航空業界の使命は世界平和に大きく貢献すること』という言葉にとても感動し、私も客室乗務員になりたい、そう思って急きょ進路を変更。田舎の両親に驚かれ、周囲には無謀と言われながら、客室乗務員を目指すことにしました。

『湿れる木より火を出し乾ける土より水を儲けんが如く』との日蓮大聖人の御文の一節を胸に、必死にお題目を唱えました。聖教新聞の池田先生のお言葉に勇気と希望をもらい、その年、１００倍を超えたといわれる高倍率の中、内定をいただいたのです」

夢と希望にあふれて入社した樋口だったが、一転、泣いてばかりの辛い毎日が待っていたそうだ。

「深夜早朝の勤務が続き、曜日の感覚も時間の感覚もなくなりました。さらに厳しい上下関係に加え、女性の職場にありがちな恐ろしさもあり……。文系出身でのんびりした性格の私にとっては、心にも体にも衝撃的なことばかりでした」

仕事に支障はなかったのだろうか。

「フライト中は胃が痙攣しながらも笑顔をつくったり、先輩の指導も怖く感じてしまうことの連続でした。無事家に帰ってきて玄関のドアを開けた瞬間、その場で涙が止まらなくなる日々が続きました。

私は北海道の小さな町で生まれ、山の中を走りまわって育ったためか、体だけは丈夫でした。小中高と皆勤賞をもらうほどでしたが、就職して約半年過ぎたあたりで急性胃腸炎とインフルエンザを立て続けに発症し、１年目の有給休暇をつかいきりました。

そうした状況に自分でも驚き、気持ちも落ち込みましたが、池田先生の言葉や女子部の先輩に励まされ……。無意識のうちに他人と比べ、自分自身を信じられなくなっていたことに気づきました。一人ひとりに使命があることを忘れていたのです。それを思い出してからは、厳しく苦手な先輩は私を成長させてくれる存在、と感謝の気持ちさえ湧いてくるようになりました。『人を結び心を結ぶ世界の平和旅を先生とともに』『心に寄り添えるCAに』と心に誓った初心がよみがえり、再奮起することができました」

つまり仕事において宿命を転換したということになる。

「病気が完治し、職場に復帰した後は、不思議と機内で名刺やお手紙をいただいたりすることが増えました。会社に私へのお褒めの言葉が届いて、表彰されたこともあります。自分でも驚くほどうまくいくようになっていることに気づき、お題目をあげ、宇宙のリズムに合わせていくことの素晴らしさを実感せずにはいられませんでした。

その後も、何度か困難なことはありましたが、ずっと祈り支えてきてくれた池田先生や両親、創価学会、会社の同期や友人のおかげで、今ではアメリカ便のファーストクラスの責任者も担当させていただけるようになり、すべての人に感謝の思いでいっぱいです。

自分らしく輝ける道へ自然と導く仏法の素晴らしさと、この仏法で乗り越えられないことはないという確信を友人にも伝え、一緒に幸せになっていきたいと思っています」

はつらつと輝く学会員に心惹かれる

草創期から現在まで、創価学会の大きな支えになっているのが婦人部の力だ。彼女たちの目に草創期の創価学会はどのように映っていたのか。そこにも躍進の秘密があるのではないかと思い、婦人部の幹部にも話を聞いてみることにした。

まず一人目が、婦人部総主事の坂口幾代である。彼女は東京の下町出身で、小学校に上がる前の1953(昭和28)年に入信していた。まさに戸田会長時代である。

「私の母親は5人きょうだいの長女なのですが、3人のきょうだいを相次いで結核で亡くし、子どもながら生と死について考えていたんですね。そのとき、近所のおばさんから創価学会の話を聞かされ、『それは生命論なんだよ』『ここに答えがあるんだ』とも言われて、まず母親が興味を持ったのです。当時は、本当の草創期で、人数も少なかったし、いわゆる暴力宗教とかファッショとかいわれていた時代です。だけど、座談会に出て、お題目をあげて、母親はどんどん引き込まれ、私達子ども3人を連れて入信しました。父親も、最初は『おれはいやだよ』と言っていたのが1年後には、なぜか『おれもやるよ』ということになり入信しました」

坂口は、小学生のときに鮮烈な体験をしたという。

「私が住んでいたのは荒川区の〝ド〟がつく下町で、それこそ絵に描いたような貧乏な人たちが集まっていたのです。確か小学校2年生のときでした。座談会が終わったところで一人の青年が手を挙げて、軍歌調の愛唱歌『日本男児の歌』を歌いましょうと言って、上着をパーンと脱いだ。町工場の工員さんで20歳ぐらいだったと思います。普段は工場の作業服を着ているのを、座談会に出るので日頃着慣れない背広を着てきたのでしょう。それを勢いよく脱いだもんだから、ワイシャツがビリビリに破れて、垂れ下がっているのですよ。本当は脱いじゃいけないのをうっかりしたのでしょうね。あちこちで笑い声も聞こえたのですが、青年の顔が本当に晴れ晴れしていて、光って見えたのです。そのままはつらつと歌の指揮をとる彼の笑顔が輝いているように見えて、子どもながら、ああ、創価学会というのはこういう青年を育てていく世界なんだ、こうして輝いて生きていける世界なんだと、それが非常に印象に残りました」

なぜ、彼らがはつらつと輝くような生き方ができるのだろうと問うと、「日蓮大聖人の仏法を信じて、朝晩、勤行をするからです」という答えが返ってきた。

さらに、入信するとなぜ救われるのかと聞いてみた。

「それは創価学会には偉大な人生の師がいるからです。仏法では、『絶対的幸福の境涯』と説くのですが、それをかみ砕いて、わかりやすく教えてくれる人が必要です。私の場合は、それが池田先生でした。1957（昭和32）年の8月、我が家に池田先生がいらして、座談会をしてくださいました。それが初めての出会いでした。そのとき、思い切って質問をしたのです。『ジャンヌ・ダルクって本当にいたのでしょうか』と。つまらない質問をしたのですが、先生は『いました』と。『フランスの革命に身を投じてね。ただ、最後は火あぶりの刑という、悲しい結末だったけど……。一国を救うという心は女性として立派だった』と、子どもの質問にとても丁寧に答えてくださって、最後に『あなたもジャンヌ・ダルクのようになるんだよ、妙法のジャンヌ・ダルクになりなさい』と。最後に『ジャンヌ・ダルク、さようなら』と言って、握手をしてくださったのです。そのときの手の温もりと、池田先生のお言葉は、今でも胸が熱くなるように思い出されます」

坂口は約60年前の感動を思い出したのか、両手を合わせ目を閉じるようにして話してくれた。

（２０２１〈令和３〉年４月18日の本部幹部会で、婦人部と女子部が「女性部」として出発することが発表された。同年５月３日に婦人部の名称が「女性部」となり、同年11月18日に両部が一体となった・編集部註）

題目をあげると不幸が幸福に

もう一人、婦人部副書記長の築地明美にも話を聞いた。

彼女は１９６１（昭和36）年に、三重県で母親と姉、妹の三姉妹で入信したという。池田が会長に就任した翌年のことである。

「当時、父は腕のいい大工だったのですが、お酒と競輪が大好きで、しかも人が良くて他人の保証人になって借金を全部引き受けてしまうんです。そのため家を建てる材料費が払えず、その上借金までしているという……。当時の学会員は病気の人や貧乏な家の人が多かったのですが、我が家は後者でした。そこで近所の学会員のおばさんが、『なんとか救ってやりたい』という思いで折伏をしてくださって、母が入信したのです。実は父はその3年前、学会員の方に誘われ、人の良さから断われず入信していたのですが、何もやっていなかったんです」

築地の母親は以前、ほかの新興宗教に入っていたが、いくら祈っても状況は何も変わらなかったという。一方、創価学会への入信後、家族それぞれに顕著な変化が起きたのだ。

「入信したとき私は小学校3年生でしたが、入信の翌日から母と一緒に勤行・唱題を始めました。私は体が弱くて、学校を長期に休んだこともあったのですが、勤行・唱題を始めてからは健康になって学校を休むことがなくなりました。そして、赤面症で人前で話すのが大の苦手だったのが、題目をあげることで、自信が湧いてきて、生徒会の副会長、会長にまでなりました。さらに、父もだんだん変わってきたのです」

題目をあげるとどう変わるのだろうか。

「自分に対して『ダメだ』と思う気持ちが、『絶対にやれる』に変わります。気持ちが変わると、不思議と必ずまわりで助けてくれる人が現れるのです。お米を買うお金がなくて小麦粉でふかしパンをつくって食べていたら、お米屋さんが『お金は、できたときでいいから』といって届けてくださったり……。本当にそういうことがあったんですよ」

築地は朝晩、題目を心ゆくまで唱えているという。「お題目をあげると不幸を感じていた心が幸福に変わる」と言った。

折伏大行進を支えたもの

坂口も築地も折伏を受け、創価学会に入信した。どのような宗教であっても、布教はその宗教が発展するための生命線であるが、布教そのものが救済に結びつくものだろうか。そうした私の疑問に対し、学会員たちは「悩みを持つ人をこの信心に導けば、その人が幸福になるし、それを見て紹介した自分にも大きな幸福感、歓喜が湧き上がります」と語る。つまり、折伏をすることが幸せにつながるというのだ。

しかし、信仰に関心のない人に折伏を行なう際には、当然、相手から強く反発されることを覚悟しなければならない。実際、戦後に始まった創価学会に対する社会のバッシングはこの強引な折伏が原因ともいえるし、つい最近までそれは続いていた。地方都市など、ひどいところでは「暴力宗教」などのレッテルを貼られて村八分にされたり、親戚づきあいを拒絶されたりする学会員も多く出たほどである。

こうした過酷な状況に陥れば、当然、折伏の勢いも削がれてしまうだろうと思われがちだが、私の知るかぎり多くの地域で学会員はひるむどころか、ますます意気軒昂に仏法を説いてまわっていた。これはどういうことか。

創価学会が人々の心をつかんだ背景には「貧・病・争」が存在すると私は考えている。戸田が会長を務めていた1950年代、日本は貧しく医療が発達していなかったため、病に倒れる者も多かった。貧しければ争いも起きる、そうしたなかで人は学会に救いを求めた。題目を唱えれば宿命転換ができる、現世利益が受けられる、殺伐とした時代にあって、それは一筋の光だったはずだ。

さらに、創価学会を躍進させたのが座談会だ。地域ごとに20～30人が集まり、信心の成果や人生の悩みなどを自由に語り合い互いの信仰を深めるもので、初代会長・牧口常三郎の時代から続く創価学会独自の活動形態だ。私は取材のため過去3回、この座談会に出席したことがある。愚痴をこぼす人間は見当たらず、前向きな話に終始していたと記憶している。「座談会に出席すると元気になれる」と皆が言うのも納得できる。

座談会を考案した牧口は常々、「信仰という人生の重大事を理解し納得するためには、講演会のような大きな単位では人々の心に入らない。少人数の集まりでこそ信仰を深めていけるのだ」と語っていたと聞く。

時代は変わり、戸田城聖時代に存在した「貧・病・争」は姿を消した。だが、現代社会では新たな悩みが生まれている。SNSの広がりが示すように、人は誰かに認めてもらいたい、つまり承認欲求を満たしたいと考えるようになった。しかし、気づけば社会の歯車になってしまい、不満や虚しさを感じながら暮らしている人は多いだろう。

創価学会の座談会は、そうした悩みも救済しているように思う。「座談会に出席すると元気になれる」と多くの人が口をそろえるのは、話を聞いてもらうことが自己肯定につながるからではないだろうか。座談会に出席する学会員たちは、そこに集まった一人ひとりを大事にし、認めてくれる。話をすることで自身の存在意義を見つけることができる。だからこそ、座談会に出席すると誰もが元気になるのだと思う。

先に紹介した元編集者の学会員は、「大学進学のため地方から上京し、知り合いのいなかった自分にとって座談会は救いだった」と語る。また、地域のコミュニケーションが希薄になり、人々が孤立化しつつある現代社会において、座談会が「励まし」と「見守り」の役目を果たしていることにも注目したい。学会員の一人ひとりがお互いを大事にする、これは創価学会を語る上で重要なキーワードだ。

そうした信仰活動の最大のエネルギー源が、歴代会長の存在だ。それは牧口、戸田であり、現在では池田ということになる。学会員の誰もが「池田先生とつながっている」と口をそろえる。こうした歴代会長と学会員との直接的つながりのことを創価学会では「師弟」と呼ぶという。一人ひとりの学会員は、自分の夢や目標、あるいは乗り越えなければならない課題などに信心によって挑戦していくとき、歴代会長からの励ましに応えたい、自分が勝利した姿を知ってほしいという強い思いを抱いているというのだ。歴代会長とは、学会員にとって人生のあり方や信仰を教えてくれる〝師匠〟にほかならない。この師弟関係が、創価学会を支えるエネルギー源といえるのだろう。

創価学会の救済論を実証する

これまで学会員のインタビューを紹介してきたが、最後に私が池田から聞いた話の中で興味深いものを紹介しよう。先に戸田の「生命論」について述べたが、来世については今ひとつピンとこなかった。前世や来世を見た人間は誰もいないはずだからだ。しかし、池田は実に明快な答えを導いてくれたのだ。

「来世、つまりあの世を見た人は誰もいませんよね。なのに、どうしてそれがあると信じられるのですか」

私がそう尋ねると、池田は「あるかどうかはわかりません。でも、あると思ったほうがいい」と答えた。

理由はこうだ。なぜなら、あの世があると信じていれば、人はこの世でいいことをする。あの世が存在すれば、その善行は報われるからだ。一方で、ないと思い悪行を重ね、もしあったら大変なことになる。本当にあるかどうかは関係ない。自分がどう思って生きるかが大事なのだ。下手な理屈を言わないところが池田の魅力なのだろう。

しかし、創価学会という団体についてはどうか。実は創価学会に対して私は長い間、偏見を持っていた。というのも、私が20代だった1950年代、創価学会はきわめて戦闘的な集団と見られていたからだ。第2代会長に就いた戸田の指揮のもと、強引な折伏大行進を行ない、他宗教を邪宗と決めつけるなど、排他的な集団としか思えなかった。また、その信仰観についても、いろいろな新興宗教が「難病が治った」「奇跡が起こった」というオカルトまがいの話を喧伝するのと同列のうさん臭さを感じていた。

そうした私の偏見を覆したのが、公明党幹事長だった故・冬柴鐵三との出会いであった。彼も熱心な学会員であった。

結婚当時、冬柴は夫婦ともに創価学会に入信してはいなかった。ところが生まれた息子が重い障害を持っていたのである。息子の行く末を思い悩んだ妻が、最初に創価学会に入信。すると、それまで何かとふさぎがちだった妻が、だんだん明るくなったというのだ。

冬柴は幼少期を大陸で過ごし、終戦とともに家族と命からがら引き揚げてきた。途中、朝鮮半島まで逃げ延びてきたところで母親を亡くしている。帰国後、夜間学校で苦学を重ねて弁護士となり、実力を認められて人生を切り拓いてきた冬柴のモットーは「努力」だった。宗教は弱い人間がするものだと考えていた。

しかし、自分がいくら努力しても如何ともしがたい人生の苦難が、最愛の息子の障害だった。最初は頑として入信を拒んでいた冬柴だったが、地域の座談会に楽しそうに参加する妻の姿を見て、ついに入信を決心する。

私は冬柴本人から彼の入信の経緯を聞かされたとき、忌憚（きたん）なく聞いてみた。

「それで創価学会に入って勤行・唱題したら、子どもさんは治ったの？」

そうした私の問いかけに彼は、「いや、治らなかった。でも田原さん、私は創価学会に入って良かったと思っている」、こう語った後、「なぜならいいことが二つあった」と答えた。

「一つは人を恨まなくなったこと。そしてもう一つは、生きていることに感謝できるようになったこと」であると。つまり、信心することによって、息子の障害という悩みに対する捉え方が変わった。自分が人間的に成長し、他人と比べて自身の境遇を嘆いたり、悲観したりせず、宿命を正面から受け止め、前向きに生きられるようになったというのだ。

私自身も、生きる意味について思い悩んだ時期がある。その答えを得るため、高校2年生の夏休みの約1カ月間、ある新興宗教の合宿に参加した。

そこでの教えは、現世が悪いのは前世での行ないが良くなかったからだというもの。つまり因果応報である。そして、人は必ず生まれ変わるという。「じゃあ、なぜ人口が増えるんだ。計算が合わないじゃないか」と、つい詰め寄ってしまった。もし人が常に生まれ変わるのなら、人口は一定で増えないはず。「答えられないならそう言え」とまで言ったものだから、そこでケンカになり追い出されてしまった。

思えばその頃から、私は宗教に関心を寄せていたようだ。実家が浄土真宗であることもあり、その教えには親しんでいた。「善人なおもて往生をとぐ、いわんや悪人をや」とは、「善人でさえ救われるのだから、悪人はなおのこと救われる」ということを表し、キリスト教も同じ考え方だ。ただし、救われるのは死後であって、あくまで彼岸でのこと。一方、創価学会では此岸、つまりこの世で宿命転換できるという。この此岸性という考え方が、多くの学会員に強い希望を持たせることになったのであろう。

〈用語の説明〉

＊1　**方便品**（ほうべんぼん）
法華経二十八品（章）の第二章。法華経前半の中核の章であり、誰もが仏になることができるという法理が説かれている。

＊2　**寿量品**（じゅりょうほん）
法華経二十八品（章）の第十六章。法華経後半の中核の章であり、仏の生命の永遠性という法理が説かれている。

〈解説〉

十界論

仏法の基本教義として「十界論」がある。

仏法では生命の境涯を10種類に分類しており、これを十界と呼ぶ。

生命状態が悪い順から、地獄界（苦しみの生命）、餓鬼界（貪りの生命）、畜生界（本能的な生命）、修羅界（争いの生命）、人界（平静の生命）、天界（喜びの生命）と上がっていき、この六つの境涯は「六道」と呼ばれる迷いの世界だ。「六道輪廻」という言葉は迷いの世界を流転していることを指す。

この六つの境涯の上に「四聖」と呼ばれる悟りの世界が存在する。下から声聞界（見聞によって悟った生命）、縁覚界（縁によって悟った生命）、菩薩界（慈悲の生命）、仏界（仏の広大無辺の生命）と上に向かって続く。

これら十界はすべての人間に備わっており、いずれかの生命状態が時々刻々目まぐるしく入れ替わっていく。しかし、最高位の境涯である仏界だけは日常生活では発現しない。創価学会教学部による『教学入門』には「仏界の境涯を現代的に言うならば、何ものにも侵されることのない『絶対的な幸福境涯』といえる」とある。この仏界を発現させるためには、仏の命を表した御本尊に南無妙法蓮華経の題目を唱える以外にない。題目を唱えれば、自分の内に成仏という絶対的な幸福境涯が確立できるとする。

一念三千（いちねんさんぜん）

十界論を基本として、成仏のための方法論を明かしたものが「一念三千」と呼ばれる教えである。一念三千とは、6世紀に中国で仏法の教えを説いた宗教家、天台大師智顗（てんだいだいしちぎ）が、法華経に説かれる一切衆生（この世に生を受けたすべての生きとし生けるもの）が成仏できる原理を体系化したものだ。

ここでいう「一念」とは、一人ひとりの瞬間瞬間の生命のことで、「三千」は、この世に存在するあらゆる事象を指す。この「一念」の生命に「三千」の事象が具（そな）わっており、その真理を解き明かしたのが法華経である。したがって、法華経の真髄である南無妙法蓮華経を唱えて、自身の「一念」を変革すれば、自身を取り巻くすべての事象、つまり「三千」が変わっていくというのだ。

『教学入門』には「瞬間瞬間のわが生命に〝無限の可能性〟が秘められており、自身の一念が変われば、自身を取り巻く環境も変わり、ついには世界も変えていけるという希望と変革の原理」であり、これにより「すべての衆生が等しく成仏できることが明らかにされた」と解説されている。

宿命転換と煩悩即菩提

創価学会の救済論の基本に「宿命転換」という教えがある。宿命とは自己の過去の善行、悪行などの行為（業）によって、自らの生命に幸不幸の原因が積まれ、その結果、今世に楽果、苦果という報いが現れることをいう。こうした宿命という考え方は往々にして希望のない運命決定論に陥りやすいが、日蓮の教えによれば、過去の重い宿命を御本尊への信仰によって根本的に解決し、幸福の方向に転換できるとしている。

また、人生の苦悩を解決する教えとして、「煩悩即菩提」がある。

煩悩とは悩み、菩提は悟りを意味し、「煩悩即菩提」とは、この二つが不即不離の関係にあることを表している。苦悩と歓喜、不幸と幸福、悪と善。これらは通常、二律背反する概念だ。しかし仏法では、マイナスの出来事を否定するのではなく、それをプラスに転化できると教える。日蓮は、「煩悩とは薪のようなもので、それを燃やせば菩提の智慧の火に転化できる」と説く。悩みや欲望など、人間が持つマイナスの感情を否定するのではなく、成長のためのエネルギーにするなど、プラスのものとして肯定できるということを意味している。

願兼於業

「願兼於業」は菩薩の生き方を示した言葉で、「願、業を兼ねる」と読む。修行を積んだ菩薩が悪世で苦しむ人々を救うために、自ら進んで宿命を背負って悪世に生まれてくることを指している。ひるがえって人は信心したとしても、すぐに幸福境涯を得られるわけではなく、長い間、不幸な境遇と格闘しなければならない場合もある。しかし、その苦闘には深い意味があるという。本人に自覚はないが、実は菩薩の一分として〝願って〟不幸な境遇を背負って生まれてくる。そして最後には、それらを乗り越え、幸福をつかむ姿が、同じ悩みで苦しむ人に希望を示していくために生まれてきたのだと創価学会では捉えている。その生き方は、

「宿命を使命に変える」と表現されることが多い。

第3章

政治進出と池田大作の会長就任

〈1950年代～1960年代〉

政治進出への理念

日本の宗教団体の中で、最も積極的に政治に関与しているのは、間違いなく創価学会だ。選挙の際、長いこと会っていなかった学会員の知人・友人から連絡をもらい、用件を尋ねてみたら公明党への投票のお願いだった、という経験を持つ読者も大勢いるのではないだろうか。

こうしたお願いは、創価学会では「F活動」、あるいは「F取り」と呼ばれている。Fは「Friend（フレンド／友達）」のFで、学会員が地縁、血縁、出身校、職場など、思いつくかぎりのツテを頼り、直接訪ねたり、電話をしたりして、支持を拡大することを指す。

なかでも熱心なのが、婦人部、特に中高年の女性たちだといわれている。まさに、婦人部が創価学会の基盤を支えているともいえるだろう。婦人部の会員たちは、なぜそれほど選挙支援に夢中になれるのだろうか。

私が創価学会に興味を抱いたのは、世間から〝天下取り〟や〝宗教による政治支配〟

などという疑念を抱かれながらも、公明党を結成し、政界に進出したことがきっかけでもあった。多くの批判を受けながらも政治進出を果たした、その真相に迫ってみたい。

創価学会が政治進出の意図を示したのは、1954（昭和29）年11月22日の文化部の設置であった。この年の元日の聖教新聞が社説で、広宣流布の目標は〝国立戒壇建立〟であり、そのためには「衆議院に於て過半数の構成」が必要で、それはこの年から「二十五年以内」だとはっきりと書いている。1954（昭和29）年から25年後といえば1979（昭和54）年である。

また、1955（昭和30）年4月3日付の聖教新聞にも戸田城聖の次のような主張が掲載されている。

「広宣流布の姿におきまして、（中略）皆御本尊様の有難い事が分って、これらの人々の中から衆議院議員や、参議院議員が出て、この人達から国立戒壇の請願が出され、国会で可決され、天皇陛下も又この御本尊様の有難さを知ってこそ始めて広宣流布が出来るのであります」

こうした主張を見るかぎり、当時の私には、創価学会から選出された議員は国立戒壇を実現するための要員であり、国会で国立戒壇を議決するというのは、日蓮正宗の国教化で、これは由々しき問題だと思えたのだ。もし、日蓮正宗の国教化が創価学会の本意だとすると、大石寺への集団参拝や座談会のなごやかな雰囲気とはあまりにもかけ離れており、怖さを感じると同時に、危険視せざるを得なくなる。

戸田が会長に就任した3年後の1954(昭和29)年、折伏大行進が次第に勢いを増し、創価学会の勢力が拡大していくと、戸田は矢継ぎ早に手を打っていく。一つは会長就任の翌年、統監部という会員管理セクションを設置し、学会員の地域別の分布を客観的に掌握管理する方法を考案した。また、創価学会を全国的組織に発展させるために、勢力の弱い県には組織的にテコ入れを行なって強化し、地域的な偏りが少なくなるように配慮した。同時に、次代を担う青年部の育成に力を入れた。こうして社会で創価学会が一定の勢力を占めるようになると、戸田はかねてから温めていた構想の実行に踏み出す。

それが「文化部」の設置であり、これを土台とした政治分野への進出である。文化部とは、戸田の命を受け、当時の会員の中から実業界や経済界で活躍する者、または現職の教育者や芸術家など、幅広い分野から集められた人材で結成された創価学会の新部門である。一人ひとりが自身の専門分野において、人々の幸福の実現や社会をより良く変革するため力を尽くすことを戸田は期待した。

この文化部こそ今日の公明党の淵源(えんげん)である。それは公明党の正史ともいえる『大衆とともに――公明党50年の歩み』（公明党史編纂委員会／以下『公明党50年の歩み』）の記述から読み取ることができる。

「公明党の結党は64年だが、その前身である公明政治連盟（公政連）は61年11月27日に結成された。まず公政連が誕生するまでの歩みを振り返ると、54（昭和29）年11月22日に創価学会文化部が設置されたことが原点だ」

つまり、創価学会文化部が誕生したのちに公明政治連盟（公政連）が結成され、その後、公明党が結党したわけだ。この流れを見ると、公明党のルーツは創価学会文化部にあるといえるだろう。

文化部の設置を報じた当時の聖教新聞（1954年11月28日付）には、「今後広宣流布の仕事を進めるに当っては単なる折伏一本だけの活動では実現不可能であって当然さまざまな面への活躍を興す必要に迫られて来る（中略）文化部もこの一翼をになう大切な部になってくるわけである」（原文は旧仮名遣いを使用）とある。折伏一本だけでは広宣流布の達成は不可能だということは、一見、戸田自身が掲げた「折伏大行進」の否定のようにも聞こえる。これは一体どういうことか。その答えは、池田大作の小説『人間革命』の中にある次のような描写から見てとれる。

「広宣流布は、創価学会の会員の拡大だけを意味するものではない。御本尊を受持して信心に励んだ人は、まず、人間として自己自身を革命することは当然のことだ。（中略）それらの個々人は、あらゆる社会分野に英知の光を放ち、変革の発芽をもたらしていくであろう。（中略）これが妙法の広宣流布の活動というものだと、彼（戸田のこと・筆者註）は心に期していた」

つまり、広宣流布の目的は、学会員を増やすことだけにあるわけではなく、信仰により自己変革を遂げた会員たちが、社会のより多くの分野で広く活躍することにあったということだ。しかし、日蓮正宗を国教にするために政界に進出したというのは大いに疑問である。

戸田が政治進出を決断した陰には、日蓮が説く「立正安国」の思想があった。立正安国について調べてみると、「立正」とは正しい教えを社会規範として立てることで、「安国」とは平和な社会の実現を指すとある。日蓮は鎌倉時代に書いた「立正安国論」

で幕府の実力者、北条時頼に対して、日本を国難から救うためには正しい法に則った政治を進めるべきだと説いた。日蓮の教えはよくわかるが、念仏宗が日本を覆っているために大災害が起き、外国が日本を襲うということはあり得ない。邪教がはびこっていたために関東大震災が発生したわけでも、満州事変や日中戦争が勃発したわけでもない。しかし、これをどう捉えるかは、宗教としては難しいのかもしれない。

戸田はこの「立正安国」の教えに基づいて、日本の政治改革を推し進めようと考えたのだ。

しかし、その理想を叶えるためには多くの困難を覚悟しなければならなかった。布教を中心に教団としての勢力拡大を推進しているうちはまだよい。たとえ社会から好奇の目で見られても、気にしなければいいだけの話だ。むしろ、そうした周囲からの偏見をバネに、学会員たちは結束力を強めてきたようにも見える。だが、政治勢力をつくり社会変革に取り組むとなると話は別だ。宗教とは直接関係のない外部の既成勢力も巻き込むことになる。権力層や他勢力からの攻撃や圧力なども覚悟すべきだろう。

『人間革命』の中で、池田は「文化部の活動に踏み出した、この最初の一歩は、まさに歴史的にも、画期的な第一歩であった」と綴っている。当時の心情を表したこの一文は、困難も想定しての言葉なのだろう。なにしろ当時の創価学会の勢力は、まだ17万世帯ほどであり、戸田が目標とした75万世帯にはほど遠かった。この段階での政治進出は、日々の生活苦と格闘していた当時の学会員にとっては相当かけ離れたもので、まさに「ユートピアの夢物語」であったとも耳にした。そうした困難を承知で、戸田はあえて文化部の設置と政治分野への進出を決断した。

統一地方選挙での勝利

文化部としての初挑戦となったのは、地方議会選挙である。戸田は立候補する文化部員を前に、「諸君は、妙法を胸に抱き締めた文化部員であることを、いつ、いかなるところにあっても、忘れてはなりません。民衆のなかに生き、民衆のために戦い、民衆のなかに死んでいってほしいと私は願う。名聞名利(みょうもんみょうり)を捨て去った真の政治家の出現を、現代の民衆は渇望しているんだ」と悲壮な覚悟で訓示した。

こうして1955（昭和30）年4月の統一地方選挙に文化部の54人が立候補し、1人が落選しただけで53人が当選した。政治の素人にもかかわらず、初陣で画期的な成

創価学会初の都議会議員選挙の風景（1955年4月 東京・大田）

果を示したわけだ。政治進出を国政からではなく、庶民大衆の生活に密接なかかわりを持つ地方議会から開始したのは、創価学会の目線の低さを象徴しているように思われる。

これに続いて1956（昭和31）年7月の参議院選挙に、東京、大阪の地方区から1人ずつ、全国区から4人が出馬した。この時の参議院選挙は、創価学会にとって不可能を可能にした戦いで、いまだに〝伝説〟として語り継がれている。ここで詳しく経過をたどってみたい。

この選挙で東京地方区は柏原ヤス、大阪地方区からは白木義一郎が出ることになった。白木は、プロ野球の投手として活躍した人物だった。そして池田は、戸田から白木の参議院選挙の責任者として大阪に派遣されたのである。池田はこのとき弱冠28歳で、創価学会本部の渉外部長兼、参謀室長であった。蒲田支部を飛躍させたことで、その力量を高く評価されてはいたが、東京は9万余世帯の陣容があったのに対して、大阪はわずか3万世帯しかなく、当選するには20万票が必要であった。

つまり、誰の目にも当選はとても不可能で、せいぜいどこまで善戦できるかと、幹部たちは見守っていたのである。ここからの池田の行動は、次のとおりだ。

参議院選挙の約半年前、池田は大阪で本格的な指揮をとるために来阪する。創価学会関西本部を訪れ、仏間で勤行した後、池田は大阪の幹部たちに対して、「この御本尊様は、すごい御本尊様です。これで、今度の関西の戦いは勝った」と言い切った。

居並ぶ幹部たちは、池田の気迫に呑まれて何も言えなかったようだが、もちろん誰も信じなかった。3万世帯で20万票を獲得するのは、どう考えても無理な話である。

池田を動かしていたのは、関西に盤石な常勝の組織をつくりたいという戸田の願いだった。戸田はそれが広宣流布の一大拠点になるはずと信じていた。池田はそのために派遣されたのであり、初陣に勝つことは師から与えられた使命だった。

勝つしかない……。この一戦が自身の力量を示す好機であり、生涯を左右すると池田は強く自分に言い聞かせていた。

池田は、ともすれば落ち込みそうになる関西の幹部たちに、いや一般の学会員たちにも「必ず勝ちます」と宣言し、力強く鼓舞し続けた。

不可能を可能にした大阪の奇跡

池田がこのとき行なった選挙に勝つための作戦は、一般の選挙戦術とは全く違ったものだった。まず買収や供応など、当時横行していた違反まがいの選挙戦は断じて却下し、公明正大な選挙戦を訴えた。同時に幹部や学会員たちの信心を徹底的に鍛え、折伏による布教の勢いをつくって、短期間で大阪支部の会員を大幅に増加させたのである。

そして選挙の意義として、自分たちは行き詰まった社会を変革するために政治に挑戦しているのだという使命感を強く訴えた。責任者である池田自らが毎日のように組織の現場に飛び込み、大阪中の路地という路地に分け入り、フル回転で多くの学会員

「勇戦」の揮毫をする池田大作（1956年5月 大阪市）

に直接会い、膝詰めで熱心に激励を続けていったという。

池田が毎日数え切れない会員たちに会うことで、関西の空気が大きく変貌したのは明らかだった。それが大阪支部だけで1カ月に9000世帯を入信させるという勢いにつながり、最盛期には月に1万1111世帯の増加という大きな上げ潮の雰囲気をつくっていった。これにより大阪支部は選挙直前には少なくとも6万世帯という、半年間で2倍の勢力にまで拡大したのだった。

この結果、事前の下馬評をひっくり返して、なんと白木義一郎が21万8915票を獲得して、定数3の第3位で当選したのである。「まさかが実現」と朝日新聞が書くほどの異例事であった。一方、有利といわれた東京の柏原ヤスは落選した。

選挙戦における池田の奔走ぶりを示すエピソードがある。現在、第6代会長の原田稔が語る。

「選挙中、自転車を3台乗り潰して大阪中をくまなく歩いたそうです。どんな遠くまでも出かけて、一人ひとりを激励しました。その数は8000人にのぼるといわれています。池田名誉会長に会うと皆さん元気になるんですよ。やはり話に説得力がありますし、包容力も感じさせる、それで皆さん決意を新たにされたのだと思います」

またあるときは、会員の運転する車に乗って激励に出かけた。大阪の中心部はもちろん、郊外へも足を伸ばし、1日の走行距離が300キロに達したこともあったという。

池田の大阪での奇跡のような活躍は、創価学会の中では不可能を可能にした「大阪の戦い」として今も語り継がれている。この顚末（てんまつ）を綴った『人間革命』第10巻は、創価学会幹部にとって選挙支援活動の必須のバイブルとなり、今も活動の指針となっているという。

それにしても、なぜ池田は誰もが無理と捉えた選挙戦に、迷いもせずに「勝つ」と言い切れたのか。そして大阪支部の会員たちの意識も変えて、奇跡を起こさせたのか。そのエネルギーは「すさまじい」としか言いようがない。最高指導会議議長の秋谷栄之助は、当時の池田には「信仰の力に裏付けられた大確信があった」と評す。

前述したように当時、東京の会員世帯数約9万に対して、大阪はわずか3万だった。しかし、この大阪の戦いで勝利したことで、関西に広宣流布の一大拠点が出来上がったのだ。やがて、その勢いは西日本へも広がっていく。大阪の戦いをきっかけに創価学会は全国へ、その教勢を拡大したといえよう。

政治進出と権力観

戸田が困難を承知で政治進出を決断した背景には、かつての苦い体験もあったようだ。

彼の胸中には戦前、戦中の軍国主義に迎合し、数千万の国民を苦しみに陥れ、敗戦を招いた政治家への憤りが渦巻いていたという。恩師・牧口常三郎を獄死させてしまったことに対する心の傷跡も政治悪への義憤となり、彼を突き動かしていたのだろう。

戸田が文化部を設置して文化部員を政界に送り出したのは、権力欲に惑わされず、民衆のことを考える人間を政治家として輩出したいという思いもあったようだ。それを自身の弟子たちに託した。

その意味で党派や政治体制は二の次だったようで、候補者の所属政党についても戸田は本人の自由に任せた。実際、初挑戦となった1955（昭和30）年の統一地方選挙の文化部候補者のうち、大半は無所属だったが、そのうち7人は日本民主党から、1人は右派社会党を所属政党として出馬している。

しかし、党派などにこだわらず、どんな政治勢力も寛容に受け入れるということは、権力追求そのものが目的となっているのではないかという疑念や誤解を抱かれかねない。

『人間革命』には、1956（昭和31）年の参議院選挙直後の池田の政治進出に対する心の葛藤が書かれている。

大阪の戦いは勝利を収めた。しかしまたすぐ次の戦いはやってくる。こうして選挙のたびに支援活動を続けていれば、いずれ創価学会は政治集団のように見られてしまうかもしれない。平和世界を築くことを願う信仰団体が、そのように捉えられることは耐えられないが、広宣流布の実現のためにそれは避けては通れないのか……。

この池田の疑問に対し、戸田は次のように答えたという。

広宣流布とは、別の面から捉えれば、あらゆる分野に仏法が説く慈悲の精神を身につけた優れた人物を育てる活動であり、それは政治も例外ではない。当面、政治家を育成するためには、権力欲が渦巻く現実社会における、修羅場のような戦いを避けては通れない。しかし将来、創価学会が育てた土壌から誰からも尊敬される偉大な政治家が出て、政党が誕生し、社会から多くの支持が集まれば、それが基盤となるだろう。そのときには今の会員の支援など、世間から問題視されなくなるはずだ。そこまで進まなければ政治の分野で広宣流布を果たしたとはいえないのではないか……。

つまり、戸田と池田は政治分野での広宣流布は、信仰を持った政治家や政党が国民の強い支持を得て、学会の力を借りることなく、一日も早く独り立ちすることと捉えていたようだ。今は学会員が選挙支援に力を入れざるを得ないが、そのときになれば負担は軽減されるに違いないと考えていたようだ。しかし、それは創価学会がつくった政党が権力を握ることを意味するのであろう。

「国立戒壇」をどう捉えるか

ここで、戸田時代に創価学会が目標として掲げていた「国立戒壇」について触れておきたい。この言葉は創価学会の政治進出の目的と重ね合わせて受け止められ、そのため、世間からは将来、日蓮正宗を国教化するのが目的ではないかと見られていた。

そもそも「国立戒壇」とは何か。この言葉に馴染みのない者もいるだろう。国立戒壇とは、戦前、日蓮系の国柱会（こくちゅうかい）をつくった田中智学（たなかちがく）が提唱した概念である。「戒壇」とは、僧侶が出家して戒律を受ける建物のことを指し、そこに「国立」がつけば、そこは国家公認の建物となる。

冒頭でも述べたように、当時、創価学会は「広宣流布の目的は国立戒壇建立にある」と明言していた。日蓮正宗の僧侶が戒律を受ける場が国家公認のものとなれば、それは明らかに日蓮正宗が国教化されることを意味する。創価学会の政治進出に警戒の声が高まったのは、こうした背景があったからだ。当時、創価学会を取材していた私も、そう捉えていた。

しかし、戦前の日蓮系各派も、自宗の目標としてこの「国立戒壇」という言葉をつかっていた。戦後はつかわれなくなるが、日蓮正宗では変わらず広宣流布の目的に置いていた。ただし、時代が経るごとに戸田自身も徐々に変化し、亡くなる頃には、戒壇建立は国立ではなく、日蓮門下が主体で行なうべきだと語るようになっていたという。しかし、一般的には依然として〝国立〟と捉えられていた。

創価学会側は当時の戦後社会をどう見ていたのだろうか。

創価学会初代会長の牧口は、戦時中に軍部政府から弾圧を受け投獄され獄死した。これは創価学会の反権力の原点として繰り返し語られ、DNAとして刻み込まれている。平和の希求と戦争の否定が創価学会を貫く基調となっている。

また、戸田は当時の国際的な核軍拡競争に危機感を抱き、死去する前年に後継の青年部に「原水爆禁止宣言」と呼ばれる遺訓を発表した。そこでは〝世界の民衆は生存の権利をもっており、それを脅かす原水爆を使用する者は、魔ものでありサタンである〟とし、その思想を全世界に広めることこそ、日本の青年の使命であると強く訴えた。

戸田の弟子である池田も、平和について強い関心を持ち、創価学会の歴史を綴ったとされる『人間革命』第1巻を終戦直前の荒廃したシーンから書き起こすのだが、その冒頭が次の一文である。

「戦争ほど、残酷なものはない。戦争ほど、悲惨なものはない」

また池田は、日本国憲法の国民主権、平和主義、基本的人権の尊重の三原理にも共感を寄せ、『新・人間革命』で憲法9条について次のように論じた。

「彼（池田のこと・筆者註）は、この憲法こそ、日本国民の最高の宝であると考えていた。また、第九条に込められた、戦争の根絶という人類の悲願の実現に、彼は生涯を捧げゆくことを決意していた。それが、とりもなおさず、仏法者の使命であるからだ」

「夕張炭労事件」と「大阪事件」

その後、創価学会は文化部を拠点として政治に進出していくわけだが、この時期になると、さまざまな勢力からの創価学会に対する妨害や圧力が顕在化してくる。その代表例が、1957（昭和32）年に起こった「夕張炭労事件」と呼ばれる北海道の事件である。

炭労とは石炭の鉱山の労働組合のことで、当時の日本はエネルギーの大半を石炭に依存していた。そのため炭鉱の労働組合の構成労働者も多く、さらに会社との契約はユニオンショップ制がとられていた。労働組合を除名されれば、そのまま会社を解雇され職を失うという契約になっていたのだ。

その権力は強大で、「泣く子と炭労には勝てない」といわれたほどだ。全国に点在する炭鉱の中でも夕張炭鉱は当時、日本屈指の採掘量を誇り、炭労も最大規模を誇っていた。

炭労は、政治的には革新系である当時の社会党を支持していた。ところが、事件が起こる前年の1956（昭和31）年の参議院選挙で、創価学会の候補に夕張市から想像以上の票が集まったことから、炭労内に創価学会への警戒心がにわかに高まった。炭労当局は学会員の労働者に、創価学会をやめるか炭鉱をやめるかと選択を迫った。これが「夕張炭労事件」である。信仰する宗教を理由に圧力を加えるとは人権蹂躙（じゅうりん）も甚だしいが、炭労側は組織の統一を乱す新興勢力は締め出すべきであると主張してきたのだ。

これに対処するため、東京の創価学会本部から送り込まれた交渉役が池田であった。

彼は夕張に入ると、地元の学会員を激励するとともに善後策を練った。そして炭労側の主張を思いとどまらせるために、学会員による大規模な反対集会を計画する。同時に、炭労首脳と直談判して、創価学会には炭労組織の和を乱す考えはないということ、さらに炭労側の措置がいかに不条理であるかを説いていった。その結果、炭労側が全面的に譲歩することを約束、計画された集会も行なわれず、事件は解決の方向に進んだのである。

ところが、夕張炭労事件を乗り越えた創価学会に次の試練が襲いかかる。１９５７（昭和32）年7月3日に、池田が大阪府警に出頭し、逮捕されるという事件が起きたのだ。

この年の4月に行なわれた参議院大阪地方区補選に、創価学会は中尾辰義を出馬させた。補選は1人しか当選できないため、当選の見込みはなかったが、出馬することで組織をさらに強化、拡大するという狙いがあった。ここでも責任者は池田で、狙いどおり20%の得票を得たのだが、中尾は落選。そこになんと池田に公職選挙法違反の容疑がかけられたのだ。

前回の選挙で白木候補が前評判を覆して当選したことに、検察当局は猜疑心をあらわにした。何らかの違反行為をやっているのではないかと強い疑念を抱いて、創価学会に対する取り締まりを強化させていたのである。そして戸別訪問の容疑で何人もが逮捕され、その手がついに選挙の責任者であった池田にまで及んだのだった。勾留は15日間に及んだ。

逮捕容疑は、公職選挙法違反だった。俗に「大阪事件」と呼ばれるこの事件では、学会員の何名かが、勝手な判断でタバコや名刺を貼り付けた100円札を有権者にばら撒いたのだ。池田をはじめ創価学会員数十名が逮捕されるが、1962(昭和37)年1月、池田の無罪が証明され裁判は終結した。しかし、それには4年半という長い年月を要したのだった。この間、戸田は死去し、池田は後任の会長に就任していた。彼は会長として激務を続けながら、被告人として裁判所に出廷するという生活を続けた。日本の刑事裁判は検察から起訴されれば、99％以上の高率で有罪になるといわれる。その中で無罪を勝ち取ることがいかに困難だったか、想像に難くない。もしもここで有罪となれば、会長職そのものを辞めざるを得なかったことを考えると、この裁判闘争がいかに過酷なものであったかがわかる。

このように創価学会が政治進出したことにより、それまでとは次元を異にするレベルで、創価学会の躍進を快く思わないさまざまな社会勢力や政治権力からの有形無形の圧迫が、日本各地で始まっていくのである。

戸田城聖、人生の幕を閉じる

戸田が会長を務めていた頃、創価学会が目標としたのは政界に進出すること、75万世帯を達成すること、さらに総本山の大石寺に本門大講堂を建立寄進することであった。池田が逮捕されるなど、苦難に襲われはしたものの、1957（昭和32）年12月には、早くも念願の75万世帯を突破し、翌1958（昭和33）年3月には本門大講堂が落成したのである。さらに、国政への進出は1956（昭和31）年に果たしていた。

だが、戸田は1957（昭和32）年の春に肝臓病と慢性の糖尿病が悪化して、この年の11月以降は病床につかなければならない状態だった。

その後、戸田は一時、医師も驚くほどの回復を見せ、1958（昭和33）年3月1日の落成式に臨んだ。会員21万人の登山を見守るため、そのまま1カ月間総本山に常駐し、一切の指揮を執ったのである。

戸田城聖と池田大作の師弟（1958年3月 静岡・富士宮）

自らの死期を悟っていた戸田は、この大講堂の落成記念行事の中で、青年部６０００名を大石寺に集め、広宣流布を託す儀式を行なっている。そのときに来賓として招待されたのが、戸田と親交があった当時の首相、岸信介であった。しかし、岸は側近からの反対意見もあり、直前になって出席を取りやめ、代理として出席したのが娘婿の安倍晋太郎であった。安倍晋三首相の実父である。戸田は約束違反に激怒したという。それでも青年部を前に、「創価学会は宗教界の王者である」との烈々たる演説をした。

しかし、すべての慶祝行事を終えて４月１日に帰京すると、その足で日本大学病院に入院して翌2日、家族に見守られ静かに息をひきとった。享年58。まさに疾風怒濤の人生であった。

戸田は戦後の理事長時代、そして第2代会長時代の十数年間、全学会員の信心の拠りどころであり、創価学会を体現した存在であった。その指導者を失って、世間では、創価学会は主導権争いなどから分裂を繰り返し、空中分解するであろうと予想されていた。多くの新興宗教が、創始者の没後に分裂などのお家騒動を引き起こしていたからである。

だが、世間の期待を含めた予想を裏切って、創価学会は乱れを生じなかった。戸田亡きあとの組織運営は、理事長・小泉隆のもと、理事職・和泉覚以下6人、それに池田をはじめ青年部参謀4人が首脳として置かれたが、6月30日に月例幹部会での満場一致で、池田が新設の総務に就任した。池田はこのとき30歳と若かったが、抜群の力量を認められて、事実上の最高責任者となったのである。

その後も折伏布教活動はたゆみなく続けられ、12月末には１００万世帯を突破した。

その成果といえるのが、翌１９５９（昭和34）年6月に行なわれた参議院選挙の結果である。6人が立候補し、前回落選した東京地方区の柏原ヤスが最高得票で当選し、全国区の5人もそろって上位当選した。

こうして、世間で言われてきた「空中分解説」は払拭された。が、逆に創価学会を不気味な組織だとする、創価学会からすれば「偏見」が強まったようだ。その偏見を正すためにか、7月3日に行なわれた講演で池田は「政治進出」の基本理念として、いわゆる「第三文明」論を提起した。

「学会は資本主義でもなければ、（中略）自民党思想でもなく、社会党思想でもない。（中略）いま必要なのは第三文明です。（中略）全民衆の根底からの欲求というものは、物でもなく心でもない。（中略）色心不二（しきしんふに）の哲学から出発した、第三文明が必要な時代であると思うのでございます。したがって『最高の文化が広宣流布である』と会長先生（戸田城聖のこと・筆者註）がおおせになったこともありますが、ここでいう最高の文化とはなにか。第三文明です。これからの文明なのです。いままでのカビのはえたような、偏頗（へんぱ）な文明ではないのです。したがって、思想的にいっても、共産思想でも、社会思想でも、自民党みたいな偏頗な、あいまいな思想ではない。いまだかつてない、全人類が根底から要求しているところの『新社会主義』こそ、王仏冥合（おうぶつみょうごう）*の思想であると、私は信ずるのでございます」

1950年代の創価学会本部の建物（東京・信濃町）

ここで池田が主張した「第三文明」という考えは、私はなかなか理解できないできた。まず、池田の言う「色心不二」についてだが、創価学会の説明によると「色」は物質を、「心」は精神をそれぞれ表しているという。「不二」とは統合。つまり、一方には偏らないという観点から、当時の社会で大きな影響力を持っていた唯物論と唯心論（観念論）を統合し、止揚しようとしたものを「第三文明」と位置付けているようだ。また、同時に政治的に見ると当時の国際情勢における東西対立つまり資本主義・自由主義陣営か、社会主義・共産主義陣営かという二極対立や、それを日本国内に反映した保守・革新対立つまり自民党か社会党・共産党かという政治対立を超えた創価学会としての独自の立場を「第三文明」という言葉で打ち出そうとしたようだ。当時、池田は「西洋文明と東洋文明を総合して、新しく創造する世界文明」だとする理念を語っている。最近では創価学会内でもこの言葉はつかわれなくなったようだが、精神は現在にも受け継がれ、政治の世界では保守でも革新でもない「中道（ちゅうどう）」という立場をとっている。

確かに政治の世界に目を向ければ、自民党は大企業の管理職や資産家、経営者、地方の有力者など中流以上の階層を基盤とし、社会党は大企業の労働者や公務員などによる労働組合などを母体として構成されていた。創価学会は中小、零細企業、商店主や日雇い労働者など大手の労働組合に入れない人間たちが多く、当時の彼らには自民党でも社会党でもないという第三文明論が、案外理解しやすかったのかもしれない。

池田大作、第3代会長に就任

戸田の逝去後、創価学会をまとめあげる役割を果たしたのは池田だった。池田を次期会長に推そうという機運が幹部たちの間で高まり、戸田前会長の三回忌（1960

〈昭和35〉年4月2日）を終えたのち、池田に会長就任を要請することが決まった。

池田は要請をかたくなに断り続けたが、幹部たちは池田を逃がすまいと必死だったようだ。幹部たちの懇願に負けて池田の会長就任が決まった4月14日、池田は「万事休す」と日記に記した。

池田の第3代会長就任式を兼ねた第22回本部総会は、1960（昭和35）年5月3日、東京・両国の日大講堂で行なわれた。

就任式で、池田は冒頭、次のように挨拶した。

「若輩ではございますが、本日より、戸田門下生を代表して、化儀（けぎ）の広宣流布を目指し、一歩前進への指揮をとらさせていただきます」

この時、池田は戸田の七回忌も含め、当面の目標として次の3項目を挙げている。

① 戸田の七回忌までに300万世帯の達成

② 大石寺大客殿の建立

③ 宗教界の覚醒運動

1964（昭和39）年までの4年間で200万世帯増やすというのは、他宗教の信者を折伏して創価学会に取り込むことを意味し、新たな折伏大行進のための戦闘宣言

第3代会長就任の抱負を語る池田大作（1960年5月 東京・両国）

ともとれるのではないだろうか。この「宗教界の革新」が、村上重良の著書では「邪宗教の徹底的粉砕」と表現されている。当時も用いられていた『折伏教典』には、他宗教に対する完膚なき批判が詳しく記されていることはすでに述べたとおりだ。就任式での池田の挨拶は、戦闘宣言と捉えたほうがわかりやすい。

なお、1960（昭和35）年には、自民党の岸信介首相が日米安保条約を改正しようとしたのに対して、社会党、共産党などの野党、労働組合、そして国民の多くが反対。連日のように国会を幾重にも取り巻くデモが発生し、6月15日に警察隊とデモ隊の衝突の中で東大生・樺美智子が死亡する事件が起きた。その後、岸首相は安保条約と心中するように辞任した。

そうしたなか、当時のアメリカ大統領、アイゼンハワーの来日に向け、歓迎パレードが行なわれることが決まった。来日は中止になり実現しなかったが、政府は立正佼成会や生長の家などの新宗教の連合体に協力を求め、創価学会に対しても軍楽隊などを出してほしいと要請していた。しかし、池田は信仰と無関係な行事には参加できないと断ったようだ。といって、反安保のデモも行なってはいない。参議院議員は出ていても、いわば無所属で党派色はなかった。

さて、会長としての初講演を終えて、帰宅した池田を迎えていたのは、いつもと変わらない質素な食事だった。

「祝いの赤飯くらい炊いてくれているかと思ったのに」と池田が言うと、妻の香峯子は次のように答えた。

「今日から我が家には主人はいなくなったと思っています。今日は池田家の葬式です」

香峯子にとって、「この日はこれまでの生活でいちばん忘れられない日」だったという。

「それまでの普通の家族の暮らしは、今日で終わり。明日からは、主人は公の人として皆さまのために働くことになる。これは、主人の使命であり、主人でなければできない仕事なのだから、主人が精一杯、仕事ができるように、私は努力しようと思いました。どんな嵐にも耐えよう、と心を決めました。

とても会長就任を喜ぶ心境には、なれませんでした。『今日はお葬式』というのが、偽らざる心情だったのです」(『香峯子抄』池田香峯子/主婦の友社)

香峯子が覚悟したとおり、それからの池田は日本各地を駆け巡り、津々浦々の学会員を励ますという、目まぐるしい激務の生活に突入する。

池田はもともと結核を患い、一時は30歳まで生きられないと医者から宣告されたこともある。

「やせこけた池田が高熱を押して働き続ける姿に、当時、最高幹部だった北條浩や森田（一哉）は、二、三年しか体がもたないだろうと真剣に考えた。それを聞いた池田は、こう言った。『心配するな、必ず乗り切るぞ。君たちのほうが心配だ』」（『池田大作　行動と軌跡』前原政之／中央公論新社）

池田が会長に就任、新体制を迎えた創価学会は精力的に会員世帯を増やしていった。池田新体制がスタートした翌年の１９６１（昭和36）年６月には、早くも２００万世帯を超えた。会長就任２周年を迎えた１９６２（昭和37）年５月には、２６０万世帯を数えた。

１９６２年11月には、就任当時に掲げた目標より１年４カ月早く、３００万世帯に到達。さらにその後も、年間80万から１００万世帯の割合で増加していく。１９６３（昭和38）年は３９５万、１９６４（昭和39）年は５２４万、１９６５（昭和40）年は５８５万という数字を叩き出した。

「急速な発展を支えた最大の原動力は、『二年間というものは、席が温まる暇がないというよりは、席そのものがないといってもよいほど動いた』という若き池田の東奔西走の奮闘である」（『池田大作　行動と軌跡』）

公明政治連盟から公明党結党へ

ここで池田が会長に就任してからの創価学会の政治の展開に目を向けよう。

池田会長が誕生した翌年の１９６１（昭和36）年11月、公明党の前身となる政治団体「公明政治連盟」（公政連）が結成された。池田が結成に踏み切ったのは、宗教団体と政治団体との組織的な分離を図るためだった。すなわち政治活動は政治団体が主体的に行ない、宗教団体としての創価学会はその支援をするという関係を明確にしようとしたのだ。

それまで創価学会の文化局政治部（１９６１〈昭和36〉年5月に発展改組）で政治活動をしていた議員たちは、これにより公政連所属の議員として活動をスタートさせることになった。ただし、初代委員長の原島宏治（はらしまこうじ）は創価学会理事長でもあり、ほかにもほとんどの党役員を創価学会最高幹部が兼務していた。結成時の議員は参議院議員

9人、都道府県議会議員7人、市・区議会議員268人の計284人である。

1962（昭和37）年9月、公政連の第1回全国大会に出席した池田は、議員を前に基本精神ともいうべき演説を行なう。

「偉くなったからといって、大衆から遊離したり、また大衆から離れ、孤立して、組織の上にあぐらをかいたり、そういういままでの政治家にはなっていただきたくないのであります。大衆とともに語り、大衆とともに戦い、大衆のために戦い、大衆の中に入りきって、大衆の中に死んでいく」よう望んだ。

この「大衆とともに」の精神はその後も引き継がれ、大衆福祉政策など現在の公明党の政治を象徴する言葉となっていく。公政連の議員は、それまで政治の光が当たらなかった庶民の生活改善のために、既得利益などにも切り込んでいった。社会問題となっていた交通事故の減少や教科書無償化、「伏魔殿（ふくまでん）」といわれた都議会の浄化などに果敢に挑戦した。こうした活躍に内外から注目が集まり、学会員からは一日も早い政党結成と衆議院進出への要望が寄せられるようになってきた。

こうして1964（昭和39）年11月17日、東京・両国の日大講堂で1万5000人の党員が集まって、公明党の結成大会が開かれた。正面演壇の左右には、「日本の柱

公明党の結成大会（1964年11月 東京・両国）

公明党」「大衆福祉の公明党」という大きな幕が飾られ、次の結党宣言と綱領が発表された。

「今や混沌たる世界情勢は、一段と緊迫の度を加えるにいたった。一方、国内情勢は依然として低迷をつづけ、国民不在の無責任政治がくりかえされている。このままに放置せんか、日本は激しい東西対立の犠牲となることを、深く憂うるものである。日本出世の大聖哲、日蓮大聖人、立正安国論にいわく『所詮天下泰平国土安穏は君臣の楽う所、土民の思う所なり、夫れ国は法に依って昌え、法は人に因って貴し』と。この仏法の絶対平和思想、即ち、王仏冥合の大理念のみが、世界を戦争の恐怖から救い

う る唯一の道なりと、われわれは強く確信する。ここにわれわれは、公明党の結党を内外に宣言するものである」

このとき決定された公明党の綱領は、次の4項目になる。

① 王仏冥合と地球民族主義による世界の恒久平和
② 人間性社会主義による個人の幸福と社会の繁栄が一致する大衆福祉の実現
③ 仏法民主主義による大衆政党の建設
④ 腐敗政治と戦い、公明なる議会制民主政治の確立

綱領を見てもわかるとおり、当初の公明党は、公政連時代からの大衆福祉という基本理念をもとに中道政党として船出したが、一方で宗教色を前面に押し出していた。ここで謳われている「王仏冥合」とは、王法（政治領域）と仏法（宗教領域）が奥深い次元で合致（冥合）するという仏教用語で、仏法の慈悲の精神や生命尊厳の哲理を政治に生かすことを表している。

また、党執行部には委員長・原島宏治、副委員長・辻武寿、書記長・北条浩がそれぞれ置かれ、党幹部はすべて創価学会の役員を兼ねていた。なお、原島は12月に急死し、辻が委員長となった。

創価学会が公明党を結党させたことについて、私はかなりの覚悟と度胸のいることだと思った。池田も相当長い間、結党すべきかどうか迷ったという。それはそうだろう。先の池田の政治と宗教をめぐる葛藤がより深刻になるのだ。もはや後戻りすることも容易ではなくなる。公党になるとは政権を目指すことであり、万が一問題が起きれば、母体である創価学会そのものが批判にさらされる。逆に力をつければ、権力や既成政党は警戒し、圧力を強めてくるだろう。日本国憲法に明文化されている、政教分離の原則に反するという批判がくることは承知の上であったろう。それでも結党に踏み切ったのは、前途の荒波を覚悟してのことだったのだろう。

この頃、日本の政治は自民党と社会党という二大政党を軸とした、いわゆる「55年体制」が敷かれていた。自民党は大企業の利害を代表しており、社会党はその企業などに働く組織労働者を基盤としていた。この二つの政党の間で置き去りにされ、政治の恩恵に与(あずか)ることのない未組織労働者、つまり庶民大衆に光を当てようとしたのが、公明党結党時の思いであった。

宗教団体を支持母体とする政党の誕生

こうして日本初の宗教団体を支持母体に持つ政党が誕生した。社会の注目はいやがうえにも増していった。創価学会が政治進出を決めたときから一貫し、生活に密着した視点を持ち、零細企業の労働者や自営業者たちを支える政党として活動を続けた。創価学会を支持母体に、公明党は参議院で着実に議席数を増やしていく。

翌1965（昭和40）年7月に行なわれた参議院選挙で、地方区2人、全国区9人が当選し、非改選議員を合わせると、全体で20人となり、参議院第3党となった。

公明党が衆議院議員へ初挑戦を果たしたのは、1967（昭和42）年1月の総選挙のことである。共和製糖（きょうわせいとう）事件が引き金となり、共和グループの政治団体「新友会」から自民党、社会党の党本部や、民主社会党を含めた議員たちに献金がなされていることが明るみに出たことから衆議院が解散、いわゆる「黒い霧解散」を受けてのことである。実は、実態を暴露したのは公明党の参議院議員で、のちに「国会の爆弾男」の異名を授けられた黒柳明であった。

この衆議院議員選挙に公明党は32人を擁立し、一気に25人が当選した。自民党も社会党も議席数を減らすなかで、公明党の活躍が際立った。しかし、それだけに既成政党からの圧力もにわかに強まってきた。「政教一致」「日蓮正宗の国教化」「国立戒壇目的」などの批判である。

今にして思うと、私がテレビディレクターとして創価学会を取材した1964（昭和39）年は、公明党が結党されたことで、学者やジャーナリストの創価学会を見る目が変わる、いわば節目の年ではなかったか。

それ以前の学者やジャーナリストの姿勢は、拡張し続けるすさまじいエネルギーの源泉をつかみたいという、いわば素朴な探求心に支えられていた。それが、得体の知れない危険性があるという警戒心が生じ、尋常ならぬ危険な集団として非難、攻撃する姿勢が判然とするのは、公明党がこの1967年の総選挙で25人を当選させたときからである。

なお、衆議院議員選挙後の2月13日、公明党は党人事を一新し、委員長に竹入義勝、書記長に矢野絢也（じゅんや）が選出された。竹入は41歳、矢野は34歳と、他党に比べると格段に若い執行部だった。

村上重良の著書『創価学会＝公明党』には、1966（昭和41）年に行なわれた朝日新聞の世論調査の結果に基づいた、公明党支持層の職業別分析が記されている。それによれば、公明党支持層の17％がホワイト・カラー、15％がブルー・カラー、その他の労働者（臨時的労務など）が30％、自営商工業・自由業が19％、農林漁業者が11％、その他（無職・主婦など）が６％となっている。もともとは未組織労働者が大きな支持基盤であったが、ホワイト・カラーと自営商工業者の比率が上がったために、革新ムードから中道政治に移ったのではないかと村上は捉えているようだ。

宗教団体を基盤とした結党は過去に例がなく、そのため国民に理解され、受け入れられるためには、相当な時間と労力が必要なことは、池田自身が誰よりも自覚していたに違いない。しかし、恩師の戸田の理念を引き継ぎ、さらなる広宣流布を果たすため、公明党の結党はなんとしても実現しなければならなかった。創価学会がどんなに批判を受けようとも、折伏の勢いを緩めず、広宣流布に努めてきたのは、それが宿命転換につながると信じていたからだ。そして、宿命転換は必ず幸せをもたらしてくれると。公明党が掲げる大衆福祉政策には、そうした創価学会の願いが込められているのだと思う。

ただし、池田はあくまでも仏法者の立場から理念を叶えようとしている。

池田は結党大会に合わせて『政治と宗教』を出版。ここで社会から疑問を持たれていた創価学会と公明党との関係や、池田自身の政治的な出処進退について明らかにした。池田は、公明党の結党は宗教団体の政治への介入を狙ったものではないと否定し、自身の立場についても次のように明言した。

「私はあくまでも仏法の指導者である。政治・経済・文化等、万般にわたる大地、土壌を創っているのであり、また創っていく決心である。政治のことは政治家にまかせ、私が政治家になるという意思は毛頭ない。ただし、国民の一人として、政治を監視し、また意見も述べることは当然のことと考えている」

ここには戸田以来の政治と宗教の分離の考えが現れているが、公明党という政党の結成は、創価学会の運動における一大エポックになったことは間違いない。同時に、政党結成まで至ったことは、これまでとは比較にならないほど激しい社会からの烈風を覚悟しなければならないことでもあった。

〈用語の説明〉

＊ **王仏冥合**（おうぶつみょうごう）

王法と仏法が冥合すること。一般には、国家（王）と仏教の一致と理解されやすいが、本来仏法で説く「冥合」とは、「合体」や「一致」ではなく、奥底で合致すること。すなわち、制度的な一体化ではなく、社会を建設する人間一人ひとりの生き方の根底に、仏法の哲理、慈悲の精神が確立されていくことを意味する。

第4章

「言論・出版問題」と創価学会の近代化

〈1970年代前半〉

創立以来の窮地——「言論・出版問題」

船出を果たした公明党にとって社会から強い批判を浴び、最初の決定的な痛打となったのは、結党から5年が過ぎた1969（昭和44）年秋頃から表面化した言論・出版妨害事件である。のちに「言論・出版問題」と呼ばれるようになるこの事件で、創価学会も大きなダメージを受け、間違いなく衰退すると誰もが確信した。マスコミも多くの〝創価学会ウオッチャー〟もそう捉えた。私もその一人である。

しかし、創立以来の窮地に立たされながら、創価学会は衰退しなかったのである。これは一体どういうことなのか。なぜ、学会員たちは創価学会を離れなかったのか。私が長年抱いてきた疑問を、ここで検証していきたい。

ことの発端は、『創価学会を斬る』という本である。著者の藤原弘達は明治大学教授で政治評論家でもあり、その直截(ちょくせつ)的でいささか品のない表現が読者に受けていた。それは『創価学会を斬る』についても同様だった。ここにその一部を抜粋してみよう。

「池田大作が口先でどのように否定しようとも、創価学会は公明党を通じて天下の政

藤原弘達著『創価学会を斬る』(日新報道出版部)

権をにぎろうとしており、日蓮正宗を国教化することに狙いをおいているということである。現状ではそれを堂々と口にすれば、信教の自由という憲法上の原則から叩かれるし、現行憲法の擁護をうたっている公明党の立場からも具合いが悪いのでいわないだけのことである。彼等は政権をとってしまえば、日蓮正宗を国教化するだけでなく、彼等の都合のいいように憲法をも改正するということになるのではないか。つまり、特定宗教の国教化を否定する現行憲法を改めるということになるだろう。ナチスは、政権を取るまでは多数をうるために現行法を重んじ、政権をとるやいなや従来の憲法を無視するさまざまなことを敢えてし、ヒトラー独裁体制をうちたてたが、そうした経過とまったく同じやりくちをする可能性が大ありなのである」

なんと、創価学会をナチスに喩え、池田を独裁者ヒトラー呼ばわりしたのだ。もちろん、ナチスをつくったヒトラーは20世紀で最も危険な人間だと、ほとんどの日本人が承知していることを弁えた上で、藤原は、池田をヒトラーに見立てたわけだ。

騒ぎは藤原の著書『創価学会を斬る』の広告が出た8月末から始まった。

出版時期はこの年の11月とされ、年末には解散総選挙が行なわれるだろうとの観測が取り沙汰されていた。選挙妨害の意図を感じた創価学会側は、なんとか出版を見合わせられないかと動き出す。

まず、著者である藤原と知己の関係にあった東京都議会議員の藤原行正が、直接、藤原の自宅を訪ねて、出版の差し止めや書き直しを求めたのだが、けんもほろろに追い返されてしまう。その後、藤原都議は、当時、聖教新聞の編集主幹だった秋谷栄之助（現・最高指導会議議長）と一緒に再訪したが、一向に埒があかなかった。

そこで、公明党委員長の竹入義勝が、当時自民党幹事長だった田中角栄をつかって、藤原を説得しようという話になった。こうなると、どう考えても言論弾圧である。

もっとも田中角栄が動いたことは極秘のはずだったのだが、共産党が赤旗で具体的に暴露したのである。

赤旗紙上には藤原弘達本人の証言が掲載された。出版直前の10月に田中幹事長が藤原に電話をかけ、また赤坂の料亭に呼び出して出版の差し止めを要請。しかも、それらは竹入委員長が田中に依頼したということまで掲載された。NHKの選挙番組でも共産党議員がこの問題を取り上げ、赤旗でも連日、公明党批判のキャンペーンが展開された。

高まる批判の声

一方、この年の12月27日、翌年の安全保障条約改定を前にして、自民党の佐藤栄作内閣は衆議院選挙を断行。公明党は言論・出版問題の逆風の中ではあったが、一挙に76人という大量の候補を立て47人が当選した。解散時の25議席の2倍近くという大勝利である。これにより民社党を抜いて第3党にのし上がり、公明党を目のかたきにしていた、共産党の宮本顕治書記長（当時）は選挙後、「将来、公明党はファシズムの本質においては自民党より数倍も危険な存在となるだろう」（毎日新聞　1969年12月29日付）と非難した。そして、衆議院選挙が終わっても、言論・出版問題に対する批判の声は収まるどころか、翌年にかけて急速に燃え広がっていった。公明党・創価学会は、マスメディアからも国会でも集中砲火を浴びることになり、火だるま状態になってしまった。

本当は藤原弘達の著書に対し出版妨害などせずに出版させておけばよかったのだ。売れてもせいぜい数千部で、さほど話題にもならなかったはずである。それなのに、差し止めを要請し、出版業に携わる学会員が書店や取次会社に『創価学会を斬る』を扱わないよう訴えかけるなどしたために、かえって注目を集めることになったわけだ。私はむしろ、創価学会が動いたことが騒ぎを大きくした原因だと思う。

そもそも出版を取りやめさせるという行為自体、あり得ないことである。

しかし、公明党・創価学会がそのような行為をしたのは、『創価学会を斬る』が初めてではなかった。それ以前に公明党・創価学会を批判する本は何冊も書かれているのだが、いずれも出版社の事情や実力者が間に入ることで、出版されずにきた。そして、そのことが公にされず、出版妨害があったという事実も表に出ることはなかった。

だから今回も、田中角栄まで引っ張り出せば出版されず、言論・出版問題もなかったことにできると創価学会幹部は考えたのではないか。

だが、藤原が田中の説得をはねつけ、また共産党や社会党、民社党などが国会の場で激しく吊るし上げたので、公明党・創価学会は政界だけでなく、社会的にも追いつめられた。

未熟だった創価学会の対応

年が明けた1970（昭和45）年1月、竹入委員長と田中幹事長は、それぞれ記者会見を開いて釈明した。竹入は出版差し止め要請の事実を全否定し、一方の田中は「あくまでプライベートなもので、公明党が頼んだということではない。少しおせっかいをしただけ」と釈明した。しかしこの会見は、かえって国民の疑念を増幅させ、マスコミからの批判をかき立てることになった。さらに、前年末の総選挙で惨敗した社会党や、第3党の座を奪われた民社党が、公明党にダメージを与えようと、この問題の追及に総力を挙げてきた。

国会審議が本格化した2月に入ると、衆議院予算委員会を中心に連日のように言論・出版問題が取り上げられた。社会党、民社党、共産党など野党の追及はすさまじいものだった。特に共産党は攻撃の急先鋒となり、公明党は藤原の著作の出版中止、内容変更、原稿検閲の要求に加え、出版後も一般の書籍ルートから締め出そうとしたと激しく攻め立て、田中幹事長に対しても、「出版妨害、言論買収だ」と追及を強めた。また野党は、『創価学会を斬る』以外の反創価学会系ジャーナリストの出版物についても出版妨害があったと指摘した。

その後、社会党は参議院の予算委員会でも言論・出版問題を執拗に取り上げ、民社党は公明党と創価学会の憲法上の政教分離問題を持ち出して質問主意書を政府に提出した。さらに野党側は、会長である池田に対する国会での証人喚問を要求してきたのである。こうして世論、マスコミ、政界から集中砲火を浴びて、社会的にも創価学会と公明党は完全に窮地に陥ってしまった。

一方、政府自民党は、田中幹事長がこの問題に関与していたこともあり、野党の厳しい追及に対して終始、「国会で取り上げる問題ではない」という慎重姿勢を崩すことはなかった。佐藤栄作首相はじめ関係閣僚も野党の主張に同調せず、結果として池田の証人喚問も実現しなかった。

こうした一連の経緯を振り返ると、前年の1969（昭和44）年の段階では、いわば世論が創価学会に攻撃的になるのとは裏腹に、創価学会の中枢もバッシングへの対応に冷静さを欠き、だから藤原弘達につけ込まれる隙が生じた。つまり未熟さが露呈したのではないかと私は感じていた。

公明党が結党され、国立戒壇は党の綱領から姿を消すが、1969（昭和44）年当時、すでに参議院議員24名が活躍していたことや、池田大作が会長に就いて以来、会員が倍増し続ける勢いに中枢がいささか陶酔していたことが、対応を見誤った原因ではないかと思えたのだ。

「今考えると、幼稚な対応だったと思います」と、秋谷も当時を振り返る。

「創価学会側としては、何が何でも出版を差し止めてやる、というほど強い気持ちがあったわけではなく、どうすれば発売を止められるのかを書店や取次会社に相談に行ったりしたのですが、結果として、それが言論妨害と取られてしまったわけです」

また、公明党幹事長の井上義久も公明党側の対応について、こう指摘した。

「藤原弘達氏の本が、創価学会、公明党に取材もせず、勝手なことを言い、あまりにも偏見に満ちていましたので、『それについては、いかがなものでしょうか』と、当時の議員が藤原弘達氏本人に話し合いを求めた。当然、言論の自由はありますから、公明党が何か言ったから、出版を止めるなんてことはできないわけです。実際に出版されているわけですから。ところが、公明党が圧力をかけたということが国会で大きく取り上げられてしまったのです」

会長・池田大作の謝罪

事態の収拾をはかるため、年が明けた1970（昭和45）年5月3日の第33回本部総会で会長である池田大作が謝罪することとなった。ここで池田はそれまでの創価学会の教義や政治姿勢などの基本路線を抜本的に転換するような重大な発言を行なった。その内容は次のとおりだ。

「今度の問題は『正しく理解してほしい』という、極めて単純な動機から発したものであり、個人の熱情からの交渉であったと思う。ゆえに言論妨害というような陰険な意図は全くなかったが、結果として、これらの言動が全て言論妨害と受け取られ、関

言論・出版問題への対応を発表した
創価学会第33回本部総会（1970年5月 東京・両国）

係者の方々に圧力を感じさせ、世間にも迷惑をおかけしてしまったことはまことに申しわけなく、残念でなりません。（中略）名誉を守るためとはいえ、これまでは批判に対して、あまりにも神経過敏にすぎた体質があり、それが寛容さを欠き、わざわざ社会と断絶をつくってしまったことも認めなければならない。今後は、二度と、同じ轍を踏んではならぬと、猛省したいのであります。

まず第一に、本門戒壇は国立である必要はない。国立戒壇という表現は、大聖人の御書にもなく、また誤解を招く恐れもあり、将来ともに使わないと決定しておきたいと思いますが、いかがでありましょうか。（全

員挙手）

第二に、国教化は、一閻浮提という世界宗教の意義からはずれ、その宗教の力なきことを意味するものであり、かねてからこれを否定してきた、私どもの意思を更に高らかに宣揚したいと思いますが、その点もいかがでしょうか。（全員挙手）

第三に、将来、国会の議決によって国立にするのではないかという疑惑に対しても、本門戒壇は、どこまでも、純真な信心を貫く民衆の力によって築かれ、意義づけられることを明らかにしておきたい。戸田前会長も私も、国会の議決ということを民衆の要望をあらわすものとして、真剣に考えたこともあります。しかし、それは、憲法の精神からいって不適当であり、私どもとしても、はるか以前にこの考えを捨ててしまっております。（中略）ゆえに絶対に、国会の議決等にはよらぬことを明言しておきたいと思いますが、いかがでしょうか。（全員挙手）

第四に、したがって政治進出は、戒壇建立のための手段では絶対にない。あくまでも大衆福祉を目的とするものであって、宗門、学会の事業とは無関係であることを、再度、確認しておきたい。（中略）そこで、これは提案になりますが、創価学会と公明党の関係は、あくまでも、制度のうえで、明確に分離していくとの原則を、更に貫いていきたいのであります。（中略）以上のように創価学会と公明党を分離していくことを提案いたしますが、賛成の方は挙手願います。（全員挙手）」

池田は国立戒壇論や日蓮正宗の国教化を改めて否定し、創価学会と公明党を機構上分離すること、いわゆる「政教分離」を約束し、社会との断絶をつくったことを猛省した。その上で、従来の戦略を大転換することを新たに宣言した。

後年池田は、１９５０年代以来の政教一致と見なされた路線について自戒を込めて「当時の私どもは、教義の点でも、行動の面でも、また仏法の意義の理解においても未成熟であったがゆえに、『広宣流布』の意義のとらえ方も、いまだ不明確であったことも事実である」（１９８３〈昭和58〉年3月15日、兵庫県最高会議でのスピーチ）と述懐している。

池田の会長就任10周年という節目を迎えた記念すべき本部総会での謝罪に、多くの学会員は驚きと動揺を隠せなかった。

国立戒壇を改めて否定

この講演で、池田はまず「国立戒壇」について、戸田会長時代から国立戒壇とは決して国教化ではないと説明してきたが、今後は誤解を招く恐れがある国立戒壇という表現はつかわないこと、また政治進出は戒壇建立の手段ではないことを重ねて確認した。さらに、日蓮正宗の国教化を明確に否定し、国会の議決などを求めないことを改めて明言。

加えて、公明党との関係についても明らかにした。「創価学会と公明党の関係は、あくまでも制度の上で明確に分離していくとの原則を更に貫いていきたい」と表明。いわゆる「政教分離」の宣言である。

具体的には、次の3点である。

① 公明党の議員には創価学会役職の兼任を認めない
② 創価学会は公明党の支持団体であり、学会員の政党支持は従来どおり自由である
③ 選挙活動は党組織を確立して、その仕事として明確に行ない、創価学会は支持団

体として従来どおり地域ごとの応援はしていく

そして池田は自身についても、「生涯、宗教人として生き抜く決意であり、政界に出るようなことはしない」と明言した。

そもそも、創価学会の当初の目的は国立戒壇を実現することだった。政治進出はそのためでもあって、衆議院には候補者を立てないことを宣言していた。しかし、1964（昭和39）年には公明党が結党。1967（昭和42）年、衆議院選挙に出馬し25人を当選させている。それまで池田は、創価学会は単なる宗教団体であると繰り返し強調してきた。だが、衆議院選挙に出るということは、いつの日か権力を奪取する意思を持つことの証明ではないのか。つまり〝単なる宗教団体〟ではなくなったと見られても仕方がない。

さらに1969（昭和44）年の衆議院選挙では47と議席を増やしている。創価学会・公明党は政権奪取を目指しているのではないか、そうした警戒の声が高まっていった。現に公明党幹部たちは、池田から「天下を取る」という言葉を何度も聞かされている。公明党内では「池田総理論」まで話し合われていたようだ。

だが、池田は生涯宗教人として生き、政界に出ないことを本部総会で明言した。

最高責任者である池田が創価学会の間違いを率直に認めて、謝罪したのである。そして従来の戦略を大転換することを約束した。これを池田は、学会員に対して本部総会で発表しただけでなく、テレビでも放送させることで、内外に表明したのである。それを目にした会員の衝撃は大きかった。

一方の公明党も、これに前後して言論・出版問題に対処する。衆議院選挙後の1970（昭和45）年1月に党幹部、議員が創価学会の役職を自発的に辞任。党の憲法である綱領を大きく変えた。

旧綱領にあった「王仏冥合の大理念」や、「仏法民主主義」といった直接的な宗教表現を削除して、創価学会との関係においてもはっきりと憲法上の「政教一致」を否定した。同時に宗教政党であることも退け、国民政党であると規定した。そして憲法を守ることを明記した。新綱領では「人間性尊重の中道主義を貫く」「社会の繁栄と個人の幸福を、ともに実現する福祉社会の建設をめざす」と、いわば無難な言葉を並べた。

失われた折伏の目標

こうして公明党は、宗教政党から国民政党を目指すということになった。それまで宗教的動機から公明党を熱烈に支援してきた学会員の中には、このことによって公明党の存在意義や独自性が曖昧になったと感じた者も少なくなかったのではないだろうか。

創価学会では広宣流布、つまり人々を折伏して日蓮正宗の信者にする、ひいては学会員にすることが最大の目的で、そのために300万世帯、600万世帯という大目標をまるでノルマのように掲げていたのである。

折伏のために、他宗教がいかに間違っているかを具体的に記した『折伏教典』も、何度も版を重ねていた。

創価学会の幹部に、なぜ他宗教を邪教だと断定して激しく否定するのか、と問うたことがある。すると、その幹部は「他宗教を非難するのは、それが目的ではなく、他宗教の誤りに気づいていない人々を救済するためなのだ」と答えた。

誤れる他宗教を信じているために、不幸な人生を送っている人々や、宿命の転換ができずにいる人々を救済して、学会員にする。その結果、入会した人はもちろんのこと、救済した自分も宿命を転換できる、つまり幸せになれる、それが折伏だというのである。

言っていることはわかる。しかし、日蓮の教えのすばらしさ、宗教としての正しさを強調するのはいいとしても、何も他宗教のことをボロクソに言う必要はないだろう。他宗教を邪教だと決めつけてしまうから、世の中の創価学会アレルギーが強まるのである。それに、キリスト教やイスラム教などを邪教だと決めつければ、国際社会では生きていけなくなる。

信仰を広めるため他宗教を否定する、これは草創期の新宗教においてやむを得ないことだ。おそらくどこの宗教団体も同様の活動をしていただろう。しかし、それはあくまでも初期の段階において許されることである。300万世帯、600万世帯を学会員にするという大目標を掲げている以上、そうしたやり方から脱皮する必要があると思う。

創価学会は1年、2年という単位の折伏の目標だけではなく、広宣流布の長期目標まで定めていた。それは1979（昭和54）年までに日本の全人口の3分の1を創価学会の会員にし、3分の1を理解者にするということだった。創価学会と無縁な存在は残りの3分の1のみとなる。3分の1が会員になるということは、4000万人以上が学会員となり、さらに3分の1が理解者になれば、全人口の半数以上が創価学会と何らかのかかわりを持つことになるわけだ。

もっとも1966（昭和41）年の本部総会では、1979（昭和54）年が困難な場合は、1990（平成2）年にすると改定された。

創価学会が唯一正しいとなると、できるかぎりの日本人を学会員にしなければならないということになるのであろう。

だが、1970（昭和45）年の言論・出版問題を機に、池田は政界に進出しないことを改めて明言し、広宣流布の目標を出すことをやめた。そして過激とさえいわれた折伏活動を見直し、『折伏教典』を折伏のテキストにすることもやめたのである。先の本部総会で池田は、布教・折伏について「これまでは、建設期であったが故に、また、若さの故に、あせりすぎた面もあった。（中略）今後は、そうした行き過ぎの絶対にないよう、道理を尽くした布教、折伏でいくよう、互いに戒め合っていきたい（中略）多少（会員が・筆者註）減ってもいいから」と、実質的に路線転換と受け止められる発言をしている。同時に、機関紙でも「邪宗」という表現から「他宗」という表現にトーンダウンしているのである。しかし、こうなると学会員が折伏の目標を見失うことになるのではないか。

さらに、存在のありようがわからなくなったのは公明党である。これまでの「王仏冥合」「仏法民主主義」などの宗教用語を一切排除して、新綱領では「人間性尊重の中道主義を貫く」「社会の繁栄と個人の幸福を、ともに実現する福祉社会の建設をめざす」と、もっともらしい文言が並んでいるが、網領上から宗教的理想を謳う言葉が失われ、何のための政党かという存在意義を失うことになるのではないか。

大転換がもたらしたもの

こうした大転換によって、創価学会と公明党は間違いなく衰退すると、多くの学会ウオッチャーたちは予想した。もちろん私もそう捉えた。

学会員たちが懸命に折伏を続けたのは、他宗は間違っていて、創価学会だけが正しいと信じており、折伏する相手も自分も幸せになれると確信していたからである。そしてなによりも、カリスマ的リーダーである池田大作が間違ったことなどするはずがないと信じて疑わなかったからだ。

その池田が、なんと自身が誤っていたことを率直に認めて、天下に謝罪したのだ。しかも、会員たちが身も心も打ち込んできた広宣流布の数値的な意味での目標までなくしてしまったのである。これでは折伏する意欲を失い、学会員であることに意義を見出せなくなる人間も少なからず生じるはずである。

現に、１９７１（昭和46）年６月に行なわれた参議院選挙では、当選者は１９６８（昭和43）年７月選挙の13人から10人に減り、全国区の得票数も６６５万６７７１票から５６２万６２９３票と、約１００万票減らしている。

続く１９７２（昭和47）年12月の衆議院選挙では、１９６９（昭和44）年12月選挙で47人が当選したのに対して、29人と当選者を大きく減らした。得票数も５１２万４６６６票から４４３万６７５５票と、約70万票減っている。

こうした数字を見るかぎりでは、創価学会は明らかに衰退に向かっていると映る。

だが、１９７４（昭和49）年７月、田中角栄首相の金権疑惑が大問題となる中で行なわれた参議院選挙では、公明党は14人が当選し、得票数も６３６万４１９票と、ほぼ１９６８（昭和43）年の言論・出版問題前の得票数に戻している。

１９７６（昭和51）年12月の衆議院選挙では当選者55人と、１９６９（昭和44）年選挙よりも８人増加し、得票数も６１７万７３００票と、１９７２（昭和47）年選挙に比べてなんと約１７０万票も増えている。創価学会は衰退していなかったことを選挙結果が証明したのである。

学会員たちが信じ切っていた基盤が揺らぎ、身も心も打ち込んできた努力が、池田によって裏切られた。だから脱会者が増加すると多くの創価学会ウオッチャーたちは捉えていたのだが、実際にはそうはならなかった。一体なぜ衰退しなかったのか。

創価学会を守り抜いた師弟の絆

創価学会の基盤を支えているのは婦人部、特に中高年の女性たちだといわれているが、彼女たちがいささかも揺るがなかったのである。池田に裏切られたのではなく、逆に自分たちが池田に恥をかかせた、池田が自分たちに代わって恥をかいてくれたのだと、彼女たちは受けとめた。

婦人部員たちに取材した。

私たち一人ひとりが池田先生とつながっている、一人ひとりが池田先生と確かに触れ合いを感じている――皆、口をそろえてこう言った。

「池田先生は、徹底的に私たち一人ひとりを大切にし、そして幸福にするために闘っておられるのです」

「池田先生がオルガナイザーとして優れているといったことではなく、間違いなく私たち一人ひとりの池田先生なのです」

「単なる組織論でやっていらっしゃったとすれば、この出来事で間違いなく創価学会は壊れていたと思います。そうではなく、触れ合いという言葉をはるかに超えて、一人ひとりとつながっているという実感があるのです。蒲田支部や文京支部の会員たちはなぜ一生懸命になるのか、昭和31（1956）年の参議院選挙で絶対に無理だといわれていた大阪の白木義一郎候補がなぜ当選したのか、大阪の学会員たちがなぜ燃え上がったのか。それは、誰もが池田先生との絆を実感しているからなのです。実は同じようなことが全国的に起きているのです。絶対に、単なる組織論ではありません」

婦人部員たちの話によると、池田は学会員たちの名前を覚える名人で、大勢の学会員がいるところでも、一人ひとり名前を呼んで、まさに一人ひとりと触れ合いながら会話をするのだという。

私はその話を聞いて、田中角栄を思い出した。高等小学校卒業の学歴ながら一国の首相に登りつめ、当時、国民から絶大な人気を博した田中は、地元の新潟に帰るとたくさんの人に出迎えられるが、その一人ひとりの顔と名前、さらには家族構成まですべて覚えていたのだという。「○○さん、最近調子どう？」「○○さんとこ、おばあちゃんは元気？」と目を合わせながら話すと聞き、田中人気の秘密はそこにもあったと感じたものだ。婦人部員たちの話を聞いて、池田と田中は似ていると思った。それに、田中も池田も、小難しい理屈は全く言わず、人の話を聞くことが上手であった。

夥しい数の女性たちの誰もが、「私の池田先生だ」と躊躇なく歌うように言った。

池田が、学会のほかの幹部とは全く異なる特別な存在だというのはよくわかった。

そして、池田が希有な存在であることを示すために、彼女たちの何人もが大阪の選挙での白木義一郎の奇跡の当選を例にあげた。この選挙で、まさしく大阪の学会員たちは〝燃え上がった〟のだが、なぜそれほどまでに燃え上がったのか。同様のことが全国的に起きたとなると、〝大阪の奇跡〟を改めて点検せざるを得なくなる。

大阪の奇跡はなぜ起きたのか

そこで、創価学会の古参の幹部に大阪の奇跡について問うた。

「池田名誉会長は、参院選のときに、大阪で半年間でなんと8000人以上と会った。そして一人ひとりが持っている力をかぎりなく信頼した。ここが池田名誉会長のすごさです。そうすることで、個々のエネルギーを思いきり発揮させ、また自分たちにはつらつたるパワーがあることをも実感させた。具体的にはそれまで劣勢だった選挙活動で、各自が勇気を出して1人、2人、3人と白木候補に投票するよう説得することに成功した。つまり、池田名誉会長と話した人は、自分に潜在能力があることに気づき、自信を得て、さらに4人、5人、8人、10人……と説得する。つまり8000人の一人ひとりが、いわば地涌の菩薩（釈尊が法華経を広めるという偉業を為すため大地の底から呼び出した菩薩のこと）となったわけです。その結果、白木さんは当選することができた」

地涌の菩薩——なるほど、こういう言い方をすれば学会員たちが納得しやすいわけだ。

古参の幹部は、まるで60年以上前の大阪の選挙現場にいたかのように興奮した口調で語った。このように、大阪での池田の奇跡のような活躍は、創価学会の中で広く語り継がれているのであろう。

こうした動きが全国に広がったということは、地涌の菩薩が全国に誕生しているということになるのだろうか。創価学会の第5代会長だった秋谷にぶつけた。

「今、これだけの経験を積んでみてわかるのですが、組織というのは上層部が強制しても絶対に動かないのですよ。学会の組織でいうと『組』ですね。組というのは当時の最小の組織単位で、10世帯くらいで構成されていました。この組の幹部、つまり第一線が本気になったときに組織全体が動くんですよ」

秋谷は、私の反応を確かめながらゆっくりした口調で言った。

「たとえば、座談会で10人くらいの人たちが集まっている。そのうちの一人が本気になって信心して、宿命転換をしたという体験を語ると、それは参加した全員に伝播します。そこにいる人たちみんなが歓喜し奮い立って、自分もやってみようという気が起き、それが波動となって大きく広がるのです」

池田は自著『法華経の智慧』の中で、「現代ほど、人間が、『何のため』を忘れ、自分自身を小さな存在に貶めてしまっている時代はない」と述べている。誰もが社会に適応して生きていくことに精一杯で、それが無力感となり、人々の心を覆っているのだという。そこが今日の世界にはびこる閉塞感の一因なのではないだろうか。自分を小さな存在と思い込まされ、そのことに疑問さえ抱けず、安住してしまっている。そうした現状に対し、池田は「しかたがない」というあきらめを叩き壊すために戦い、人間の底力、民衆の底力を正々堂々と満天下に示す、それこそが法華経の教えである、というのだ。

池田大作との出会い

私が初めて池田に会ったのは１９７３（昭和48）年のことだった。紹介者を介してプライベートでの面会となった。言論・出版問題から3年後ということもあり、いまだ世上の話題でもあったので、単刀直入に尋ねてみると、「言論・出版問題はまったく失敗でした。ああいうことはやってはいけないですね」という率直な答えが返ってきた。

創価学会という巨大な組織のトップに立つ人間である。おそらく近寄りがたい雰囲気を持っているに違いないというこちらの予測は見事に外れ、偉ぶったところを一切感じさせない人だった。しかも、人の話を聞くのが非常にうまい。これにはびっくりした。池田は著作も多く、創価学会の大会などで何度も講演しているので、そうした話を聞きたいと思っていたのだが、気づけば私ばかりが話していた。

しかし、よくよく思い返せば財界の大物といわれる人たちは、相手の話を聞くのが上手なのだ。パナソニックの松下幸之助やソニーの盛田昭夫がその典型で、こちらの話を実に熱心に聞いてくれた。池田からも、彼らと同じ雰囲気が伝わってきた。

池田との話で印象に残っているのは、理性と信仰に関するやり取りだった。初対面で、池田に気に入られたいという下心のあった私は「人間は理性だけじゃ生きられないですよね。だから宗教が必要なのでは?」と問うてみた。すると、思いがけない答えが返ってきたのだ。

「そうではありません。人間がものを考える際の基本は理性です。だから理性をなくしてはいけません。理性があり、さらに信仰がある。この二つはなんら矛盾していません」

実は、「理性には限界がある。だから宗教が必要だ」という答えが返ってくると私は予想していたのだ。理性などかなぐり捨てて、ひたすら祈りを捧げる、それでこそ信仰は成り立つのではないかという私の考えはあっさり否定された。巨大な宗教団体のトップに立つ人間が「理性をなにより大事にすべき」と言う。実に面白いところである。

私は仕事柄、多くの人と会ってきた。テレビ番組での私のスタイルは、あるときは挑発しながら、またあるときはその人物の痛いところを突きながら、相手から〝本音〟を引き出すというものだ。私に痛いところを突かれて、思わず口にしてしまった言葉から政治生命の危機に陥った〝気の毒な大物政治家〟が何人もいた。

私はこれまで2回、池田と会っているが、そうした私の挑発に対して池田は〝本音〟で返してきた。会長という立場でありながら、創価学会の機微に触れるようなことも率直に語るのである。これには驚いたし、好感を抱いた。池田はよく「自分は江戸っ子で嘘をつけない」と言っている。要するに、隠しごとがなくオープンなのだ。

池田は第2代会長である戸田城聖から話を聞き、創価学会への入会を決心したという。そこで、なぜ戸田を信じることができたのかと問うてみた。すると池田は、戸田が戦時中に治安維持法違反で逮捕された際、一緒に逮捕された何人かの幹部が改宗し釈放されていくなか、戸田だけはどのような弾圧を受けても最後まで信仰を貫いたという話に心を打たれ、彼を信じる決意をしたというのだ。そうした話も池田は包み隠さず語ってくれた。

もう一つ、私が池田に感じたのは、自分をよく見せようという下心がまったくなく、誠実で相手のことを気遣うことのできる、きめ細やかな神経の持ち主だということだ。〝私心がない〟、つまり無私なのだ。

池田の心を占めているのは、恩師の戸田城聖から受け継いだ創価学会をどのように発展させていくかということだ。

言論・出版問題の背景

言論・出版問題では、事件発覚後の創価学会の対応の拙(つたな)さが騒動を大きくしたことは、すでに述べたとおりである。しかし当時、勢いを増す創価学会に対し危機感を募らせていた既成勢力が、これを創価学会叩きの機運と捉えたのではないか。そこで、当時の創価学会を取り巻く状況をここで振り返っておきたい。

戸田城聖の死後、空中分解すると思われた創価学会は、弱冠32歳という若き池田大作のリーダーシップのもと、大方の予想を裏切って教勢を拡大していった。池田が会長に就任した1960（昭和35）年末には170万世帯だった会員世帯は、5年後の1965（昭和40）年末には3倍以上の585万世帯となっていた。1年間で100万世帯以上増加した年もあった。

そして、池田が創立した公明党は1964（昭和39）年の結党後、選挙に連戦連勝し、その勢いはとどまることがなかった。「総点検シリーズ」と称して在日米軍基地、沖縄米軍基地、税制、公害、物価、住宅など国民の関心の高い問題に次々と切り込み、政府の姿勢を追及していった。現場主義、調査主義という公明党の本領を発揮して、野党として気を吐いたのである。

この頃は創価学会に最も勢いがあり、大躍進を果たした時期である。社会的にも大きな注目を集め、池田は若き宗教界のリーダーとしてマスコミにもたびたび登場した。まさに破竹の勢いで台頭してきた創価学会に対して、既成勢力が強い危機感を抱いたのは、むしろ当然であろう。創価学会に信者を奪われた宗教界はもとより、選挙で公明党に議席を奪われた与野党も警戒心を抱いた。特に公明党の衆議院進出が明らかになってからは、宗教界と政界において反発が強まっていく。

宗教界との対立が政治的に表面化したのは１９６５（昭和40）年７月の参議院選挙で、ここで既成仏教各派や新興宗教団体は、それぞれ組織内候補を立候補させたのである。この選挙は「宗教戦争」とも言われ、各宗派の面子をかけた激しい票の争奪戦となった。結果は、公明党が改選数４議席から一挙に11人当選という大躍進を果たし、一方の既成仏教各派は合計で７人であった。全宗派合わせても創価学会・公明党に及ばなかったのである。

続いて１９６７（昭和42）年１月、公明党として初挑戦となった衆議院選挙ではいきなり25議席を獲得。さらに翌１９６８（昭和43）年７月の参議院選挙でも、地方区の愛知、兵庫で初当選を果たすなど13議席を獲得し、非改選11議席と合わせて24議席を獲得、参議院第３党の地位を不動のものにした。

こうした創価学会の勢いをなんとか阻もうとして、宗教界では新たな動きが起きた。既成仏教の連合体である全日本仏教会（全仏）や、立正佼成会をはじめとする新宗教によって構成された新日本宗教団体連合会（新宗連）などが、創価学会への攻撃姿勢をあらわにした。各教団が反創価学会の旗印のもと互いに連携し､学会員を〝逆折伏〟するほか、マスコミや政治を通じて創価学会攻撃を強めることなどを申し合わせた。

これらの教団は、公明党が将来、政権を担うようになれば、国立戒壇を建立し、日蓮正宗を国教化して、創価学会以外の宗教を排斥してしまうのではないかと警戒心を強めていたようだ。こうして宗教界、与野党ともに創価学会叩きの材料探しに奔走。そうしたなかで起こったのが、言論・出版問題だった。既成勢力がこれを創価学会・公明党攻撃の好機と捉えたことは間違いない。

「タテ線」から「ブロック制」へ

1970（昭和45）年、池田が謝罪する形で問題は一応の決着をみた。この年は、池田が会長就任満10周年を迎えた節目でもあった。池田は、かねてから創価学会は種々の課題を抱えており、次の10年に向かうためには改革が必要であると考えていた。それをこの本部総会で打ち出したのだ。その眼目は「社会に信頼され、親しまれる創価学会」である。社会との融和を重視したソフト路線だ。

ここで池田が打ち出した改革策は次のようなことである。

第一に、会員組織を「タテ線」から「ブロック制」へ完全移行することだ。「タテ線」とは創価学会独特の用語で、会員の人間関係を軸とした組織のことを指す。一方、「ブロック制」は別名「ヨコ線」ともいい、居住地域別に会員を編成した組織のことである。

池田は本部総会の席上で、ブロック制への完全移行を発表した。ブロック制とは言い換えれば、地域に密着し、社会に開かれた組織形態でもある。それは学会員が中心となり、地域社会に人間と人間が連帯する、確かなネットワークをつくり上げたいという池田の願いが込められていた。これにより地域に新たな共同体が形成され、現代社会が抱える人間の孤立化という問題を乗り越えるきっかけにしたいと池田は考えた。ブロック制には、創価学会のさらなる発展とともに、社会の未来にかける思いも込められていた。

また、ブロック制を補完するものとして、創価学会の機関紙である聖教新聞も１９６５（昭和40）年から日刊化され、それと同時に池田の手による小説「人間革命」の連載もスタートした。これは創価学会の正史ともいうべき小説で、池田のライフワークである。こうして全国に広がった会員の意識や指導性の統一が図られていった。

池田が目指した集団指導体制

第二に池田が打ち出した改革策が、「副会長制」の導入である。1970（昭和45）年1月、創価学会は会長を補佐するための副会長を新設し、北条浩、森田一哉、秋谷栄之助の3名が就任した。

言論・出版問題が起きる前から池田はすでに会長職を退くことも真剣に考え、周囲に相談していた。さすがに適任者がいないということで慰留されたようだが、池田の自著『私の履歴書』には、当時の心境が次のように綴られている。

「なるべく創価学会の運営面については、副会長制を敷いていっさいを任せ、私は、執筆活動などに打ち込みたいと念願していた。（昭和）四十五年一月、この件を総務会にはかり、副会長制が実施されることになったわけである」

運営面から身を引こうと決心した理由の一つに、自身の健康問題もあった。1969（昭和44）年の暮れに強行スケジュールを断行したことから体調を崩し高熱が続き、肺炎を引き起こしてしまったのだ。就任以来、創価学会の実務は事実上、すべて池田一人で切り盛りしてきた。現体制のままでは、もし自分が倒れた場合、創価学会の運営がままならなくなる。そうした危機感から、副会長制を敷いてより集団指導体制に近づけ、自身は会の運営から一歩退くことを考えたようである。

そして第三が、公明党と創価学会の関係を運営や機構面で分離することであった。しかしその改革の矢先に言論・出版問題が起こり、創価学会は猛攻撃を受けて守勢に立たされ、大きなダメージを受けたのである。

このほか、この本部総会では折伏や入会の原則についても大胆な見直しを打ち出している。まずはハードな折伏活動をやめ、池田自らが「もはや教勢拡大に終始するときではなく」と明言し、拡大路線からの路線転換を明らかにした。また、他宗教がいかに間違っているかを具体的に記した『折伏教典』を折伏のテキストにすることもやめたのである。この本によって創価学会は世間から排他的で戦闘性が高いと認識されていた。

さらに大きな変化は、折伏の数値目標をやめたことである。それまで創価学会といえば300万世帯、600万世帯という大目標を掲げて折伏に邁進していた。この数

正本堂の全景（1972年10月 静岡・富士宮）

値目標というものは、組織に競争原理を持ち込み、拡大発展のためには大きな効果があった。その一方で、成果主義に走りすぎ、いきおい無理な折伏を生み出し世間との摩擦を生む原因にもなっていた。それを取り下げたのである。ちょうどこの１９７０（昭和45）年は、創価学会の勢力が戸田の成し遂げた75万世帯の10倍、７５０万世帯を達成したときだった。

こうして創価学会はそれまでの他宗を邪教と批判する戦闘性を抑えて、地域社会へ溶け込むことを目指したのだ。この流れは創価学会が目標にしていた１９７２（昭和47）年の正本堂建立寄進へと向かう。正本堂とは、池田が日蓮正宗総本山の大石寺に建設を誓った大規模な宗教殿堂である。その動きは翌年以降のいわゆる「広布第二章」路線でもさらに加速していく。

創価学会を襲った言論・出版問題の嵐は大きな傷跡を残したが、それは決してマイナスだけではなかった。私は、言論・出版問題をきっかけにして、創価学会がより近代的な組織に生まれ変わるための機構改革と体質改善に成功したと思っている。一方の公明党も近代的な国民政党を目指すことになり、こちらも間違いを認めようとしない独善性から脱皮し、政治の土俵で他党と政策を競うことになった。

日中国交正常化提言

言論・出版問題と相前後して、池田は社会との融和や対立勢力との対話にも積極的な姿勢を見せるようになる。特に注目されたのが、1968（昭和43）年9月の学生部総会で池田が行なった「日中国交正常化提言」だった。当時、日本をはじめとする西側各国が中国の正統政権として認めていたのは、台湾の中華民国であり、大陸の新中国は共産革命と建国を経ていたものの、国連にも加盟を許されず〝国際的孤児〟のような不安定な立場に置かれていたのだ。

先の講演で池田は、東アジアの安定のためには日中関係こそ礎石であり、新中国を国際社会の正当な地位に置くべきであるとして、新中国を国連に加盟させ、日中両国の国交正常化を一日も早く実現すべきであると主張した。要は日本と中国は隣国同士であり、仲良くしなければいけないという至極自然な発想からだった。

しかし、この池田の講演は国内外にさまざまな反響を広げた。それもそうだろう。当時の中国といえば、文化大革命のまっただ中にあり、毛沢東の独裁政治のもと1000万人以上が犠牲になったともいわれていた。

その渦中での池田の発言に、中国共産党に肩入れしていると受け取った保守勢力からは、強い反発を受けた。「宗教者が赤いネクタイを着けた」「政府の外交交渉にとって、むしろ障害になる」という批判も噴出。さらに、右翼による創価学会攻撃の街宣活動は激しさを増した。社会党の浅沼稲次郎委員長が右翼少年に暗殺されたように、当時、日中友好に関する発言は、生命の危機を覚悟しなければできなかったのだ。

しかし一方で、自民党の松村謙三議員がこの講演に「百万の味方を得た」と発言するなど、日中関係の改善を模索してきた親中派と呼ばれる政治家から池田の講演は支持を得た。

講演内容は特派員電として新中国側にも伝えられ、周恩来首相の知るところとなったようだ。中日友好協会会長を務めた中国の孫平化らの証言によれば、周恩来はそれ以前から創価学会の存在に注目しており、機会があれば接触するように日本担当の側近に指示していたという。池田の講演内容を知った周恩来は、メッセージを池田に伝えてきた。しかし池田は、自分は宗教者であり、外交交渉は自分が創立した公明党にしてもらうように取り次いだという。

こうして、公明党がその後の日中国交正常化の事業に重要な役割を果たすことになる。1971（昭和46）年6月に新中国から突然、公明党訪中団への招請状が届いた。これ以降、公明党は3度の訪中を果たす。特に1972（昭和47）年7月の第3次訪中時には、周恩来から国交正常化の具体的条件が示され、訪中団はこれを書き写して日本に持ち帰った。いわゆる「竹入メモ」である。これが事実上の日中共同声明の下敷きになる。

これを受けて同年9月、田中角栄首相が初の訪中を果たし、日中共同声明が結ばれ、日中国交正常化が実現する。その陰には結党からわずかな期間で一大成果を上げた公明党の存在と、池田に対する周恩来の信頼があった。

国交正常化実現後の１９７４（昭和49）年5月、池田は初めて中国を訪問。続く１９７４（昭和49）年12月の第２次訪中の際には当時、末期がんのため入院中だった周恩来と、入院していた病院内で一期一会（いちごいちえ）の出会いを果たす。この会談で周から日中友好の後事を託されたという池田は、この後も文化、教育面での交流をとおして日中友好に尽力していく。

これまで見てきたように、１９７０年前後は創価学会にとってマスコミや政治権力とのかつてない苦闘を強いられた過酷な時期となった。しかし、池田のリーダーシップと学会員の絆によって、どうにかこの危機を乗り越えることができた。これ以降、創価学会は組織体質を転換しながら、社会との新たな関係を模索する道へと歩みを進めていく。

〈解説〉

「言論・出版問題」のその後

池田は1970（昭和45）年5月3日の本部総会での講演で、一連の問題の責任をとって謝罪するとともに、創価学会の大きな路線転換を決断したわけだが、彼のその後の動きを見ると、創価学会の将来にとって重要と思われるいくつかの布石を打っている。

第一に人材育成の強化である。次代の創価学会を担うことのできる中核の人材を輩出するため、青年部だけでなく、小中高校生から優秀なメンバーを選抜し、池田自身が直接薫陶（くんとう）を始めた。

本部総会から2週間後のマスコミ各社との記者会見の場で池田は「学会がどうなるか、21世紀を見てください。社会に大きく貢献する人材が必ず陸続（りくぞく）と育つでしょう。そのときが、私の勝負です」と語り、人材育成にかける思いを披歴している。

第二に言論出版活動である。多忙な中でも池田は時間を割いて、『私の人生観』

（1970年）、『私の釈尊観』（1973年）、『私の仏教観』（1974年）など、創価学会の考え方や日蓮仏法の思想をまとめた著書を執筆し、国内の大手出版社から相次いで出版。一般社会に創価学会への理解を広げるための言論活動を積極的に行なっている。

第三に国内外の識者との交流と対話である。池田自身も言論・出版問題の前から、学者や文化人、経済人などとの交流を積極的に図ってきたが、この問題以降、さらに多くの機会を国内外に求めるようになった。イギリスの歴史学者アーノルド・トインビーをはじめとする著名な学者、文化人、経済人などと親交を結んで意見交換の機会を持ち、現代文明が直面する問題の解決法を探るとともに、創価学会や日蓮仏法の理念との接点を見つけ出していこうとした。これについてはのちの章でも触れていく。

社会問題への取り組み

池田は国際情勢や社会問題にも強い関心を示し、沖縄基地問題やベトナム戦争、公害問題、大学紛争問題など、日本や世界が直面している問題に具体的な提言を行なった。戸田城聖も生前、東西冷戦と核軍拡競争に強い危機感を抱き、死去する前年の1957（昭和32）年9月8日、当時の創価学会青年部の体育大会において、原水爆問題に関する自身の考えを発表。「もし原水爆を、いずこの国であろうと、それが勝っても負けても、それを使用したものは、ことごとく死刑にすべきであるということを主張するものであります。なぜかならば、われわれ世界の民衆は生存の権利をもっております。その権利をおびやかすものは、これ魔ものであり、サタンであり、怪物であります」と原水爆の使用を「絶対悪」とする思想を表明した。これは「原水爆禁止宣言」と呼ばれた。

創共協定（共創協定）

1974（昭和49）年、創価学会の池田会長と日本共産党の宮本顕治委員長が作家の松本清張の提案で会談を行ない、創価学会と共産党が共存するという協定に合意。翌1975（昭和50）年7月に公表された。

この協定は、両団体の名前の一文字をとって「創共協定」と呼ばれたが、創価学会が支援する公明党はもともと共産党と激しく対立し、批判し合っていた。政治的な立場も同様で、宗教的価値を尊重する公明党と、唯物論を拠りどころにし、宗教に批判的な共産党とは全く対極にあった。言論・出版問題で、公明党叩きの急先鋒としてネガティブキャンペーンを展開したのも共産党である。また、互いに庶民層を支持基盤とすることから、選挙のたびに激しい票の争奪戦を展開してきた。世間から「犬猿の仲」「水と油」と目されていた創価学会と共産党が突然手を結んだことは、まさに驚天動地の出来事であった。

創共協定の経緯について、仲介の労をとった松本清張によると、1974（昭和49）年10月、池田のほうから持ちかけたという。互いの団体の性格と理念、立場の違いを認識し合い、独立を侵さないこと、それぞれが相互理解に最善の努力をすることなど、敵対関係の解消を目標に掲げており、その上で「双方間の誹謗中傷は行なわない」ことにも合意。協定の有効期間を10年とした。

しかし、この協定は長くは続かず、すぐに空文化の運命をたどることになる。原因は公明党の反発にあった。1975（昭和50）年の新聞報道により協定の詳細が明らかになると、公明党は態度を硬化させ、中央執行委員会で「共産党とは政権共闘をしない」ことを確認。さらに8月の中央執行委員会で、公明党の政権構想と共産党の目指すものは相容れないという見解で一致し、協定を事実上否定した。

一方の共産党からも強い反発が起こり、互いに批判合戦が続いた末、協定は急速に空文化していった。

ただ、「創共協定」を目指した池田の動機とは、思想信条の違いはあるにせよ社会変革を目指す団体同士が不毛な争いに明け暮れるのはいかがなものか、という問題意識に支えられていたようだ。また「共産主義と宗教との共存」という文明史的テーマも視野に入っていたという。

正本堂建立

1972（昭和47）年、創価学会は正本堂建立寄進を果たした。この正本堂建立は、池田が恩師の戸田から託されたものであった。生前、日蓮正宗の再興に心を砕いた戸田は、総本山の大石寺が戦後の農地改革などで土地を取り上げられ、経済的にも逼迫（ひっぱく）し、僧侶も養えないという荒廃した有り様であることに心を痛め、外護のためにさまざまな努力をする。

まずは「登山会」と呼ばれる、全国の学会員による大石寺へ集団参拝を開始。この参拝供養の収入によって日蓮正宗は大いに潤った。さらに戸田は総本山にふさわしい大石寺の伽藍の配置にも心を配り、1958（昭和33）年の死去直前には大講堂を建設寄進している。

戸田の跡を継いだ池田も、日蓮正宗の外護に一層力を入れた。池田時代の会員数激増とともに、登山参拝者も大幅に増加し、戸田時代とは桁違いの人数が大石寺を訪れるようになった。末寺も全国に次々と寄進し、1964（昭和39）年には大石寺に近代的で大規模な大客殿を寄進した。こうした一連の大石寺の寄進計画の最終段階が正本堂だった。

池田は1964（昭和39）年の本部総会で正本堂の建立を発表。翌年に行なわれた供養では学会員だけで約800万人が参加し、4日間で350億円以上の浄財を集めた。これは目標額の10倍以上だったという。

機構整備

正本堂落成に間に合わせる形で、池田は広宣流布の社会展開のためにさまざまな機構整備を行なっている。まず文化機関、学術機関、教育機関を相次いで創設。仏教をはじめとする東洋思想を研究するための学術機関として東洋学術研究所（現・東洋哲学研究所）を１９６２（昭和37）年に創立し、芸術機関としては音楽団体の民主音楽協会を１９６３（昭和38）年に創立。また、富士美術館を１９７３（昭和48）年にオープン。教育機関では東京に創価中学・高等学校を１９６８（昭和43）年に、創価大学を１９７１（昭和46）年に開学した。特に大学は教育者であった牧口常三郎と戸田城聖が切望し、池田に創立を託していた事業だった。

第5章 第一次宗門問題の真相

〈1970年代後半〜1980年代〉

池田の発言に宗門が危機感を抱く

1977（昭和52）年に入ると創価学会と日蓮正宗、つまり宗門との間で深刻な軋轢が生じた。創価学会は日蓮正宗の信徒団体であるがゆえ、いくら学会が大きくなったとはいえ、宗門のほうが圧倒的に立場は強く、その宗門から睨まれてしまえば、本尊を受け取ることも、葬儀に僧侶を呼ぶこともできない。言ってみれば、創価学会は宗門に急所を握られているようなものだ。信仰の土台すら失いかねない事態を招いてしまう。実際、この軋轢により多数の学会員が脱会した。鉄壁の強さを誇っていた創価学会組織が少なからず動揺し、最終的には池田大作の会長辞任にまで至るのである。

多くの学会員が脱会した上、池田が辞任したとなれば、もはや創価学会存続は不可能に違いない。当時、私はそう思った。創価学会に批判的なウオッチャーの中にも同様の見方をする者が現れた。しかし、後で見るとおりそうはならなかったのである。言論・出版問題以上の激震が走ったともいわれる事態に見舞われながら、なぜ創価学会は衰退・崩壊しなかったのか。

そうした疑問に対する答えを見つけるため、関係者の証言をもとに、外部からはわかりにくい紛争の原因、そして経緯をできるかぎり具体的にたどりたい。

紛争のきっかけとなったのは、この年の1月15日に関西の創価学会の講堂で開かれた第9回教学部大会での池田の「仏教史観を語る」という講演であった。宗門側がこれに強く反発したのだ。

池田はそこで、「仏教はいかにあるべきか」について語った。

「仏教は、本来、革命の宗教なのであります。（中略）〝宗教のための人間〟から〝人間のための宗教〟への大転回点が、実に仏教の発祥であったのであります。（中略）その仏教も、時代を経るにつれて、出家僧侶を中心とする、一部のエリートたちの独占物となっていくのであります。（中略）頭を剃髪したり染衣を着ているから出家なのではなく、真実の仏教精神を身に体しているか否かが大事である」と。

また、「現代において創価学会は、在家、出家の両方に通ずる役割を果たしている」と語ったのである。

しかし、池田のこうした主張は宗門側の怒りを買う。中でも、供養と寺院について語った部分に関しては特に激しく反応した。

池田は仏典の「維摩経」に出てくる、インドの在家信者・維摩詰が供養を受けていたという故事を例に挙げて、〝真に仏法流布に挺身し、民衆救済に進むものには、供養を受ける資格がある。つまり創価学会に供養を受ける資格がある〟と言い切った。加えて、寺院とは、仏道修行者が集い、仏法を研鑽し、そこから布教へ向かうための道場、拠点であり、創価学会の会館、研修所は〝近代における寺院〟だとも言ったのである。

この池田の発言について、元創価学会の教学部長で、その後、反創価学会側に転じた原島嵩は、同じく元創価学会の顧問弁護士で、のちに反創価学会の中心人物となる山崎正友との共著『懺悔滅罪のために！』（暁鐘編集室）の中で次のように反論している。

「これは〝もはや日蓮正宗は無用の存在であり、今後は創価学会が、寺院と僧侶の役割を果たし、供養も受けていく。御本尊は、大石寺の戒壇の御本尊も、学会本部や会館等の御本尊も同じであり、本部・会館の御本尊を中心に、広宣流布していく〟という、『創価学会独立宣言』にも等しいものだったのです」

しかし、こうした原島の発言に対し、教学部長の森中理晃は次のように語った。

「創価学会はこれまで僧俗和合で進んできました。大乗仏教では僧侶と在家、それぞれに役割はありますが、本質的には平等であると説いています。学会は以前からそう考えてきました」

マッチポンプ・山崎正友が動き出す

池田の「仏教史観を語る」という講演は、「創価学会独立論」と受け取られ、宗門に強い拒否反応を起こしたわけだが、なぜ池田はわざわざ宗門を刺激するような講演をしたのだろうか。当時、創価学会は「広布第二章」と呼ばれる社会展開への動きを積極的に進めていた。正本堂建立寄進という一大事業を成し遂げた池田の次なる課題は、社会の各分野に仏法理念を広めることだった。

さらにもう一つの課題が、海外への展開だった。当時、創価学会が国内で飛躍的に勢力を広げていたとはいえ、所詮は日本国内の一宗教である。教義においても世界の人々に受け入れてもらえる普遍性や説得性がなければ、海外でも日本人社会にしか基盤を持たない〝日本教〟で終わってしまう。池田の視線の先には、本格的な世界広宣流布という大テーマが横たわっていた。しかし、世界の人々に受け入れてもらうためには、キリスト教やユダヤ教などと協調しなければならない。それに対して、日蓮正宗はキリスト教やユダヤ教は邪教だとしていて相容れなかったのだろう。

さらに事態を深刻化させた背景には、マッチポンプの存在があった。それが当時、創価学会の顧問弁護士を務めていた山崎正友である。のちの裁判で認定された事実をもとに、経緯を再構成してみよう。

山崎（原島とともに故人）は、大学在学中の1959（昭和34）年に創価学会に入信。司法試験に合格し、創価学会の学生部出身では初の創価学会顧問弁護士となった。当時、急激に勢力を拡大していた創価学会を牽制（けんせい）する動きが強まったこともあり、不測の事態に対応するため、内部に法律のプロを必要としていたのだ。山崎に対する池田の期待は大きかったに違いない。

ところが、その山崎が池田の教学部大会講演よりずっと前から、宗門と創価学会との連絡係という立場を悪用し、宗門僧侶に創価学会の独立論などを吹聴してまわり、創価学会への不信感を煽（あお）っていたのだ。講演前年の1976（昭和51）年から始まっていた週刊誌での創価学会批判のキャンペーンも、山崎のネタがもとになっていることもあった。しかも、山崎の動きは巧妙だったようで、当時の創価学会首脳はこの事実を全く把握していなかったようだ。

山崎が暗躍した背景には、彼の経済的な野心があった。１９７５（昭和50）年頃から大石寺周辺の土地整備計画を担当した山崎は、密かに土地転がしを行なって不正に多額の現金を得た。これに味をしめ、山崎は創価学会が唯一頭の上がらない宗門に取り入ることを思いつく。まずは、池田の立場を悪くさせるため、創価学会に関するありもしない話を宗門僧侶や法主である細井日達（にったつ）に吹き込みはじめた。

そのため宗門は、「仏教史観を語る」と題した池田の講演に激しく反応した。これが宗門の存在理由を失わせるための、いわば全面戦争の始まりだと捉える僧侶も少なく、「創価学会を破門にせよ」と過激な発言をする僧侶たちもいたという。

山崎の動きに気づかぬまま、創価学会は宗門との関係正常化のために話し合いを何度も行なった。しかし、事態が好転しそうになるたびに、山崎の策謀（さくぼう）により亀裂が走り、さらに悪化するということを繰り返していた。

前出の原島の文章は次のように続く。

「すでに日達上人は、池田大作の挑発的な宣戦布告ととれる『仏教史観を語る』を重く見て、警戒されていましたが、『今は、学会の現実の動きを見守ろう。創価学会の創立五十周年にあたる昭和五十四年まで静観していく。将来、学会と訣別することになるかも知れぬが、その時は去る者は追わずだ。当面、けっして挑発に乗ったり、こちらから刺激することは、しないように』と言われ、『（訣別する時こそ）自分の持つ力を最大に発揮し、折伏して（宗門を）大きくしていこう』と宗内に指示し、『慎重な対処』を指示されていました」

１９７７（昭和52）年から１９７８（昭和53）年にかけては、宗門の中でも創価学会の扱いについて、さまざまな意見があったようだ。創価学会とともに信仰を広めるほうが自分たちも繁栄するという考え方と、創価学会がこのまま拡大すればいずれ寺院や僧侶の存在を否定することになる、やはり創価学会を追い出すべきだという考え方とで、宗門内で意見が分かれていたと聞く。しかし、創価学会としては宗門を否定するつもりはなく、池田の宗門を支える意志に変わりはなかった。

最高指導会議議長の秋谷栄之助は、当時を振り返り、次のように答えた。

「我々はなんとかして宗門と和合したいと考え、そのための道を模索していました。あくまでも宗門とは僧俗の関係で広宣流布を進めていくつもりでした。１９７２（昭和47）年、大石寺に正本堂を建立し、そこを信仰の中心とすることを考えていました。そのためにすべてを捧げてきたわけですから」

確かに創価学会が宗門からの独立を模索していたとすれば、正本堂供養の350億円もの浄財を宗門に寄進したことと辻褄が合わなくなる。そうした創価学会の思いとは裏腹に、池田の「仏教史観を語る」の講演を宗門では宗門批判と捉え、創価学会攻撃の材料とし、反発の声は日増しに高まっていった。

なぜこのような事態を招いたのか、その真相を理解するためには、創価学会と日蓮正宗との特異な関係性を認識しておかなくてはならない。

創価学会は日蓮正宗の信徒団体として宗門外護、つまり宗門を支える役割を自任し、戸田の時代から折伏を進めると同時に総本山大石寺の整備や末寺の寄進、会員の登山会参拝、供養など宗門を財政的にバックアップしてきた。

一方、宗門は伝統儀式を行なうほか、日蓮が顕わした「本門戒壇の大御本尊」と呼ばれる板曼荼羅（いたまんだら）を本山に所持し、信徒用の本尊は法主が書写したものを印刷複製して、末寺から信徒全般に授与するという形で独占していた。

このように、創価学会は布教拡大と宗門外護を中心とし、宗門は儀式執行、本尊授与を担うという形で、両者の役割は分けられていた。創価学会員は、日常的には創価学会の座談会や折伏などの諸活動に参加し、宗門に対しては大石寺への登山会や、末寺での元旦勤行や月1回の「御講」と呼ばれる宗門行事などに随時参加するほか、各自の葬儀などの儀式を依頼していた。

先の講演で、池田が「創価学会は出家と在家の両方の役割を果たしており、創価学会にも供養を受ける資格がある」と訴えたことは、特に財政基盤が脆弱な地方の末寺にとっては、供養が減る上に自分たちの存在意義すら否定されるのではないかという強い危機感を抱かせるものだった。

高まる創価学会批判と池田の謝罪

こうした事態に終止符を打つため、1977（昭和52）年12月、池田はともに九州の宮崎訪問中の日達と改めて対話を行なった。ここで池田は日達に宗門外護の真情を伝え、創価学会に対する僧侶たちの攻撃にピリオドを打とうとした。

しかし、この頃から創価学会を敵視する活動家僧侶たちの間で創価学会攻撃の意思を確認し合い、末寺で学会員を脱会させ、寺につける〝檀徒づくり〟が活発になっていったようだ。

こうした不穏な情勢に対して池田は事態の収拾を図るため、再び1978（昭和53）年3月、日達に会い、「従来の宗門外護の姿勢を変える意志は全くない。何事も宗門からの御指南どおりに実行します」と、いわば〝謝罪〟をした。さらに、問題とされた教学上の見解について宗門と擦り合わせを行なって、聖教新聞に訂正記事を掲載することを約束した。

同年6月30日の聖教新聞の第4面全面に、「教学上の基本問題について」と題する訂正文が載った。ところが、これが逆に宗門側を立腹させてしまったという。なぜはっきり謝罪と謳わないのかというのがその理由だったようだ。

山崎の主張はこうだ。創価学会側は聖教新聞に謝罪とわかる見出しで大きく記事を掲載しますと約束したため、自分はそれを日達に伝え、同時に激しい学会批判を繰り広げていた活動家僧侶たちも説得したという。

聖教新聞第4面には次のようにある。

「今日、これだけの在家集団（創価学会・筆者註）ができあがったことは、仏法史上、画期的なことである。しかし、このことを強調したことが、出家仏教に対して在家仏教を立てるというような印象を与え、結果的に正宗の伝統及び御僧侶、寺院の軽視につながる論拠を与えたことはまことに遺憾である。そうした考えはもとよりない。

(中略)

維摩詰が供養を受けたことは法華経で観世音菩薩が受けたのと同じく仏に捧げる意味である。ことに維摩詰は在家であり、供養を受ける資格があるとはいえない。経文に応供とあるのは仏のことで、供養を受ける資格があるのは仏以外はない。したがって、在家が供養を受ける資格があるという記述は改める。

(中略)

正宗寺院においては、正法をもって授戒、葬式、法事、結婚式等の衆生済度のための大切な行事を行なっている。寺院もまた、広宣流布のための活動の重要な拠点であることを認識したい。学会のみが広宣流布の場として、寺院がそうでないかのような表現は、明らかに言い過ぎである」

当時、創価学会の顧問弁護士を務めていた山崎とは、果たしてどんな人間なのか。先の秋谷に改めて話を聞いてみた。

「山崎の目的は日達に偽情報を吹き込み、宗門に取り入ると同時に、創価学会との離間工作を行なうことでした。そうやって自分が仲裁に入ることで、権力を握り、創価学会を乗っ取ることをたくらんだ策謀家でした」

関係者によれば、こうした動きの陰には、山崎の強い権力欲があったという。当時、山崎は池田に影響力を与える存在になろうとし、親しい人間たちには、裏の権力者になるなどとも語っていたようだ。そんな山崎にとって、池田の「仏教史観を語る」と題した講演について宗門が反発したことは、いわばチャンスだったのだろう。特に若手の過激派僧侶たちが、創価学会を追い出せなどと言い出したことは都合がよかった。創価学会の批判をすれば彼らをコントロールできると考え、そこから内部に食い込もうとした。

つまり山崎は、宗門側に対しては「創価学会が宗門の存在を無視して独立する野心がある。しかし自分は池田会長にブレーキをかけられる自信がある」と伝え、一方、池田に対しては「日達上人は自分を信用している。そのため若手の過激派僧侶の言動にゆらいでいる日達上人を抑えられる」と伝えた。創価学会の野心を吹聴することで宗門側を刺激しながら、表向きはあくまで創価学会を守るという姿勢を貫き活動していた。まさに面従腹背でありマッチポンプだ。

池田の努力もあり、なんとか一連の騒動が収まりかけた１９７８（昭和53）年、新たな事件が起きた。いわゆる「本尊模刻問題」と呼ばれるものだ。

実は１９７３（昭和48）年、創価学会は東京・浅草にある仏具店に、宗門から下付された数体の紙幅本尊を板本尊にしてほしいと依頼していた。ところが5年後の１９７８（昭和53）年の1月になって、宗門側から、創価学会が本来の手続きを無視し、勝手に板本尊を模刻したというクレームが入る。

この話だけを聞けば、創価学会が勝手に本尊を模刻したと取られかねないが、創価学会側は事前に日達から板本尊にする許可を取っていたという。それでは一体なぜ、このような騒ぎになるのか。

この頃、日達は「僧俗和合」を訴え、創価学会批判を慎むよう、何度も僧侶あてに通達を発していたのだが、活動家僧侶たちがこれを守ることはなかった。それどころか、彼らは新たな創価学会攻撃の材料を探していた。どうやら日達の力でも抑えきれないほど活動家僧侶の勢いは激しくなっていたようだ。こうして、この年の11月7日、池田をはじめとした２０００人の創価学会の最高幹部たちが大石寺を訪れ、代表幹部会を開催し、事態収拾のため一連の経緯について謝罪をすることになった。

会長辞任、池田が表舞台から姿を消す

しかし、この謝罪でも問題は収まらなかった。むしろ、火に油を注ぐような結果となる。大石寺での代表幹部会で、創価学会側が本尊模刻に関する経過説明を行ない事態はいったん収まるかと思われたのだが、この経過説明の中に「(創価学会が)不用意にご謹刻申し上げた」という一節が紛れ込んでいたのだ。つまり創価学会側は自らの非を認めたことになり、これに活動家僧侶が騒ぎだした。収まりかけていた模刻問題に再び火がつき、「学会けしからん」という声が高まったのだ。ちなみに、この言葉を入れさせたのは、山崎自身だったという。

さらに、その直後、ある副会長が内部会合で宗門を軽視するような軽率な発言を行なったことが最後の決定打となり、事態収拾を図るには、池田の辞任以外、もはや創価学会に術はなかった。こうして１９７９(昭和54)年4月4日、山崎は宗門との連絡係として創価学会本部を訪れ、宗門内部と日達が創価学会に対し厳しい怒りを抱い

ているため、事態収拾のためには池田が責任を取る以外にないことを伝えた。4月6日、池田が大石寺に登山し、日達に法華講総講頭の辞任を申し出、さらに会長職も辞すると告げたのだ。

かつて聖教新聞に掲載された随筆には、当時の池田の心情が次のように描かれている。

「これ以上、学会員が苦しみ、坊主に苛められることだけは、防がねばならない。(中略)私の心中では、一身に泥をかぶり、会長を辞める気持ちで固まっていった」(「随筆新・人間革命」聖教新聞　1999年4月27日付)

また、池田の辞任について『池田大作　行動と軌跡』(前原政之/中央公論新社)には次のようにある。

「ある日、最高幹部たちに、池田は聞いた。『私がやめれば、事態は収まるんだな』と。沈痛な空気の中、一人が『時の流れには逆らえません』と言った。牧口が、戸田が、そして池田が、まさに心血を注いで作ってきた庶民の団体が、庶民を見下す謀略と僧衣の権威に蹂躙されるなか、頼みとする幹部までが『時流だから仕方がない』というのだ。誰が、そう発言したかということは問題ではなかった。牧口、戸田以来、否、日蓮以来流れる、人間を見下す傲慢との闘争という精神が、最高幹部の中にさえ消えかかっていたのだ」

しかし、この文章を読んでも、当時の事情がよくわからない。

「これ以上、学会員が苦しみ、坊主に苛められることだけは、防がねばならない」とはどういうことなのか。宗門内で、創価学会けしからんという騒ぎが広がったとして、なぜ、それが学会員を苦しめることになるのか。なぜ、学会の幹部が「時流だから仕方がない」というようなことを口にするようになったのか。

なによりわからないのは、なぜ、池田は会長を辞めることを決意せざるを得なかったのか。

当時の状況を関係者に聞いたところ、実はこのとき大勢の学会員が脱会していたのだ。その数は、一説には数万人だともいわれている。鉄壁の強さを誇っていた創価学会組織が、いくつかの地方で動揺しはじめていたのである。これは創価学会にとって前代未聞ともいえる深刻な事態だ。

なによりも大切な学会員が地元の僧侶から苛められ、苦められている。このままでは大変なことになる。この事態をなんとしても避けなければならない。こうして池田はいったん退こうと覚悟を決めたようだ。それは法華講総講頭を辞任し、創価学会の会長から退くことであった。辞任に際して、彼は聖教新聞に「『七つの鐘』終了にあたって」と題する所感を発表し、全学会員にこれまでの奮闘を感謝した。辛い決断だったに違いない。

池田の突然の辞意に、学会員が受けた衝撃は大変なものだった。知らせを聞いて茫然自失する会員や、涙にくれる会員が全国で続出したという。誰もが動揺を隠せなかった。

池田の辞任には各界からも驚きの声が上がり、中には辞任を思いとどまるよう説得する人物もいた。その一人が親交のあった中国の故・周恩来総理夫人の鄧穎超である。当時、池田の辞任直前に来日していた鄧穎超は、会見した際、池田から会長を辞める決心を聞かされ強く反対したという。

「まだ早すぎます。それになによりあなたには人民の支持があります。人民の支持があるかぎり、辞めてはいけません」。この言葉は池田の大きな励みになったと思われる。

さらに池田は、松下電器産業（現・パナソニック）の創業者・松下幸之助にも辞意を伝えた。松下は詳しい事情を聞くことなく、一言こう言ったという。

「私は、自分のことを誇りとし、自分を称賛できる人生が、最も立派であると思います」

数々の荒波を乗り越えてきた〝経営の神様〟らしい含蓄ある言葉は、池田の胸に力強く響いたことだろう。

「第一次宗門問題」と呼ばれることになるこの騒動は、池田の法華講総講頭、そして会長辞任をもって幕引きとなった。そして、同1979（昭和54）年5月3日、創価大学体育館で行なわれた創価学会第40回本部総会には、日達をはじめ宗門の僧侶たちが出席。紛争が落着したことを、宗門側は本部総会に出席するという行動で示したのである。

池田は名誉会長となり、第4代会長には北条浩が就任した。本部総会では日達の特別講演と北条新会長の挨拶に先立ち、名誉会長となった池田が壇上に立った。いつもなら割れんばかりの拍手で迎えられるはずが、この日は宗門僧侶に遠慮してまばらな拍手が起きただけであった。総会開始前に、幹部たちが宗門を刺激しないために拍手をするなと命じていたようだ。

池田は、その後も宗門からの要求で行動が大きく制約された。学会員が集まる会合への出席は禁止され、聖教新聞に写真を掲載したり、文章を寄稿したりすることも禁止された。

トップの池田が辞任した上、身動きが取れず、学会員を励ますことすらできないことを考えると、創価学会はかつてのエネルギーを出すことは二度とできない、もはや万事休すと思われた。創価学会に批判的なウオッチャーの中には、創価学会は滅亡に向かうだろうという見方をする者すら現れた。しかし、後で見るとおり、今回もそうはならなかった。

全国行脚のあと、池田が反転攻勢に

池田の会長辞任という衝撃は、やはり当初は学会員の心に深刻な影を投げかけた。なにより敬愛している池田に会うことも叶わない。聖教新聞にも登場しない。約1年が経った頃には、学会員がはじけるような笑顔を見せることは少なくなり、学会内の空気は沈滞していったという。会合で「池田先生」と、名前を口にすることも許されなくなったのである。幹部の士気の低下も目立つようになってきたといい、創価学会は大きなピンチを迎えていた。

一方、山崎正友は、池田を追い落とすという当初の目的は達成したわけだが、まもなく事態は彼の思惑とは別の方向へと動き出す。まずあの本部総会から約3カ月後の1979（昭和54）年7月、彼が頼りとしていた日達が何の前兆もなく突然死するという急展開を迎えた。

代わって法主に就いたのが、山崎と距離のある阿部信雄（日顕）であった。日顕は宗内基盤が弱く、当初から創価学会との融和路線を打ち出して創価学会を味方につけ、宗内を収めようとした。しかし日顕が就任した後も、活動家僧侶たちの創価学会攻撃が収まることはなかった。

彼らは1980（昭和55）年7月、「正信会」と呼ばれる反日顕、反創価学会の僧侶集団を結成、翌8月には日本武道館で約2万人の檀徒を集めて集会を開き、対決姿勢を鮮明に打ち出した。さらに日顕の法主継承に絡む疑惑の声も聞こえるようになった。実は日顕は前法主から後継者としての指名を受けてはおらず、正統な継承手続きが存在したかどうかが不明だったという。活動家僧侶らはそのことを取り上げ、法主の資格に疑義ありとの声を上げはじめ、公然と批判しだした。このため日顕は自分と創価学会への批判を封じ込め、それを守らない活動家僧侶は容赦なく処分した。こうして宗外には批判勢力が生まれたものの、宗内は表向きは創価学会との協調路線が図られ、次第に事態の沈静化が進むことになった。

一方、山崎は土地転がしで得た現金を元手に慣れない冷凍食品事業に手を出す。しかし放漫経営がたたり、45億円もの負債を背負い倒産。窮地に陥った山崎は顧問弁護士という立場を利用し、負債を穴埋めできないかと考えた。そこで1980（昭和55）年4月、創価学会の内部情報を流出させると脅して、創価学会から3億円を脅し取った。これは当時の会長、北条にとって断腸の思いであったが、山崎の動きを阻止するためにはやむを得ない選択だったようだ。これに前後して、山崎と結託していた元教学部長の原島が、創価学会本部に保管された大量の資料コピーを持ち出すという事件も起きた。原島は宗門問題において山崎の手先としての役割を担っていたようで、資料持ち出しの〝論功行賞〟として山崎から1000万円を受け取っていたことが明らかになっている。

1回目の恐喝で味をしめた山崎は、さらに創価学会に5億円を要求する。しかし、創価学会はそれには断固とした態度で臨み、山崎を恐喝罪で告訴。1981（昭和

56）年1月、ついに山崎は逮捕されたのだ。この事件は創価学会顧問弁護士の犯罪として大きな注目を浴びた。その後の裁判で山崎は懲役3年の実刑判決を受け、1991年から1994年まで服役する。

さて、創価学会を襲った一連の騒動で内部が沈滞していることに最も危機感を抱いたのは、ほかでもない池田であった。彼は会長辞任後、会合や聖教新聞に登場できなくても、かつての創価学会躍進に功績のある各地の功労者を訪問したり、それぞれの地で出会った会員と一緒に記念撮影に収まったり、即興のピアノ演奏で激励したりするなど力を尽くした。池田は厳しい行動制約のなかでも、会員を励ますために必死であったのだ。その過程で、創価学会を襲う深刻な停滞感を打ち破るためには、再び自分が前面に出ていくしかないと決断した。こうして池田による〝反転攻勢〟が始まった。

1980（昭和55）年4月、池田は第5次中国訪問を果たし、帰途、長崎に降り立ったその足で九州各地を訪問。さらに関西、中部を駆け巡り、会館などに集った数多くの学会員を直接励ましていった。約2週間という短い期間で、池田が会った会員は15万人にのぼった。各会場で池田に出会った会員たちは大いに喜んだという。こうし

ピアノ演奏で婦人部を激励する池田大作（1980年5月 福岡市）

て創価学会は活気を取り戻した。

公明党の選挙結果に目を向ければ、先の本部総会が行なわれた5カ月後の１９７９（昭和54）年10月に行なわれた衆議院選挙では前回の55議席から57議席と微増する。翌１９８０（昭和55）年の衆参同日選挙では衆議院は33議席と後退したものの、１９８３（昭和58）年の衆議院選挙では58議席を獲得するのである。

こうして第一次宗門問題は、池田が会長辞任にまで至り、創価学会の存立すら崩壊しかねない大事件となったが、その背景には仏法の社会展開、海外発展のために避けては通れない仏法哲学の革新と普遍化という課題が存在した。

また部外者として見るならば、会長を辞任するという、ある種、敗北にも見える幕引きではあったが、池田はそうは捉えていなかった。さらなる世界広布へと踏み出す好機だと考えたのではないかと私には思える。言論・出版問題でもそうだったように、ピンチをチャンスに変える、池田の強靭な精神力がここにも見て取れる。

名誉会長となり、事実上、表舞台から退いた池田だったが、世界広布への活動を本格的にスタートさせた。それまで日本の会長職が多忙で十分に海外への手を打てなかったのだが、会長辞任というピンチを、逆に海外布石のチャンスに変えようとしたのである。

〈解説〉

社会的弱者への共感

1970（昭和45）年の本部総会で、池田は公害被害に苦しむ人たちの救済に言及した。いわれなき差別や偏見に苦しむ人たちに生きるための力を与えていくことも、創価学会の大事な活動の一つだからだ。

香川県にあるハンセン病患者の療養施設、国立療養所大島青松園（おおしませいしょうえん）には壮年部や婦人部の学会員たちが足しげく通い、座談会も行なわれたという。1981（昭和56）年に新たな治療法が開発され、ハンセン病は再発率の低い、完治する病気となったが、1970年代はじめは〝感染力が強く、遺伝の恐れもある〟病気と認識されていた。それらはすべて承知の上で、学会員たちは激励に訪れた。池田が説く仏法者としての使命を実践していたようだ。

また、池田は米軍基地問題に苦しむ学会員を励まそうと、1972（昭和47）年に本土復帰を果たす以前の沖縄にも何度も訪れた。

沖縄は伝統的土俗信仰であるユタ信仰が強く、本土の文化にも排他的だった。

宗教学者も創価学会が沖縄に定着することは難しいだろうと分析していたが、地元学会員の奮闘が実り、現在の沖縄の勢力は、公明党の得票率で見るかぎり全国屈指の数字を誇る。

このような池田の弱者に対する視線は、日本で暮らす在日朝鮮・韓国人たちにも向けられた。それは戸田の時代から続いている。朝鮮戦争が激しさを増すなか、会長に就任した戸田は、同じ民族同士が戦うこの戦争で家族を失い、さらに日本でいわれのない差別を受けながら暮らしている在日朝鮮・韓国人に対し、心を痛めていた。何の差別も存在せず、すべての人が必ず幸福になる道を説き明かすことが日蓮仏法の法理であり、創価学会が目指すところである。戸田はそう訴え続け、池田がそれを引き継いだ。

池田が目指した「広布第二章」

池田が「仏教史観を語る」という講演を行なった背景を理解するためには、当時、創価学会が直面していた二つの課題を知る必要がある。

一つは海外への展開であり、もう一つが仏法の理念を社会に展開することだ。

1972(昭和47)年10月に、正本堂建立寄進という一大事業を成し遂げた池田は、戸田城聖の時代から数十年にわたる大石寺の整備計画を一段落させた。これを境に「広布第二章」と呼ばれる、仏法理念を社会の各分野に広く展開していく路線へと大きく舵を切った。

地域だけでなく、職域を含めた社会の隅々にまで学会員が広がっていくことを池田は「広布第二章」の時代と定義した。

会員数の増加という量的な拡大だけにとどまらず、仏法の持つ人間主義の理念を社会のさまざまな分野で還元し、平和と繁栄の時代をつくるために貢献すべきであるという考え方、それが池田の言う「広布第二章」路線であった。

世界の要人と会談を果たす

第一次宗門問題前から池田は仏法と現代社会の接点を探るため、国内外の文化人や政治的リーダーとされる有識者と積極的に対話の機会を持った。文芸評論家の小林秀雄、作家の草柳大蔵、松本清張、有吉佐和子、井上靖など、錚々(そうそう)たるメンバーが挙げられる。実業界では、現・パナソニック創業者である松下幸之助、富士銀行（当時）頭取だった岩佐凱実などがいる。

１９７４（昭和49）年、池田は2回、中国を訪問。6月には李先念副総理、12月には周恩来総理と、それぞれ会談を実現している。また同年9月にはソ連を訪問し、コスイギン首相と会談した。１９７５（昭和50）年1月にはアメリカで国連のワルトハイム事務総長、キッシンジャー米国務長官と会談している。

また、イギリスの歴史学者であるアーノルド・トインビーとは、彼の招請に基づいて１９７２（昭和47）年から１９７３（昭和48）年にかけて、現代世界の諸問題の解決策を語り合い、その内容は対談集『二十一世紀への対話』に結実した。またヨーロッパ統合の父と呼ばれたリヒャルト・カレルギーや、反ナチスの闘士でフランスの文化大臣などを務めた作家のアンドレ・マルロー、フランスの美術史家のルネ・ユイグ、ローマクラブ会長のアウレリオ・ペッチェイ、国際宗教社会学会で会長を務めたイギリスのウィルソンなどとも長時間にわたって対談し、それぞれ専門分野と仏法との接点を探る対談集を発刊している。

その後も、１９８５（昭和60）年には胡錦濤中華全国青年連合会主席（当時・のちの国家主席）、インドのラジブ・ガンジー首相（当時）と会談、１９８９（平成元）年にはイギリスのサッチャー首相（当時）、フランスのミッテラン大統領（当時）と、世界の要人との会談を実現。1990（平成2）年には、初代ソ連大統領、ゴルバチョフとの会談を実現した。翌年、ゴルバチョフはソ連大統領として初来日を果たし、再び池田と会談。互いを「人類の未来について、胸襟を開いて語り合える数少ない人物」と認め合い、忌憚のない意見をぶつけ合った。

世界の要人や識者との会談は、池田が会長就任から約半世紀にわたって続けられ、その回数は1600回に及んでいる。

第6章 第二次宗門問題と「平成の宗教改革」

〈1990年代〉

宗門からの一方的な罷免通告

1990（平成2）年、創価学会と宗門である日蓮正宗との間に再び亀裂が走った。いわゆる「第二次宗門問題」と呼ばれる事件の勃発である。この事件で創価学会は最終的に宗門から破門という、信徒団体としては最も厳しい処分を受けるのである。

「第一次宗門問題」は、池田が教学部大会で「仏教史観を語る」という講演をしたのがきっかけだった。だが、2度目の亀裂の原因については率直に言ってよくわからない。

さらに理解不能なのは、破門という信徒団体としての命脈を絶たれかねない重い処分を受けながら、これによって創価学会組織が崩れなかったことだ。第一次宗門問題が起きた際には、少なからぬ学会員が脱退し、池田をはじめとした創価学会最高幹部が大石寺で謝罪をし、最終的には池田が辞任することで事態の収拾を図った。このとき、創価学会にとって宗門との対立は、是が非でも避けなければならないことだった。

しかし、今回は破門を言い渡されても謝罪の動きはなかった。これは一体どういうことなのか。その謎を解くために、ここでも関係者の証言をもとに順を追って事件の経緯を振り返ってみよう。

まず1990（平成2）年7月21日、名誉会長の池田大作、会長の秋谷栄之助（現・最高指導会議議長）は法主の阿部日顕を訪ねた。第4代会長の北条浩は1981（昭和56）年7月に死去し、秋谷が第5代会長としてその職に就いていた。この会談の席で日顕は、池田らを激しく罵倒した。4日前の17日に行なわれた宗門首脳と創価学会首脳との定期的な連絡会議の席上で、秋谷が当時の宗門僧侶の目に余る綱紀の乱れを指摘しており、それに対して強く抗議してきたのだった。この日、日顕は秋谷に対して「驕慢だ。驕慢謗法だ」と怒鳴り散らしたという。日顕が口にした「驕慢」という言葉は、身分をわきまえない慢心を表す。つまり、信徒の分際で僧侶をあげつらうとは何事かというのだ。

この一件を境に、第一次宗門問題後の約10年間、表面的には穏やかだった創価学会と宗門との関係に、急速に暗雲が立ち込める。そして12月13日の宗門と創価学会との連絡会議の席上で、宗門ナンバー2である総監の藤本日潤が秋谷に、11月16日に行なわれた第35回本部幹部会で池田が行なった会員向けスピーチについて、その真意を質す質問書を手渡そうとした。このときは秋谷が文書などではなく話し合いを求めたことで、質問書は一旦、撤回された。しかし、12月17日に改めて宗門から配達証明付き郵便で「第三五回本部幹部会における池田名誉会長のスピーチについてのお尋ね」と題する文書が秋谷に届けられた。そこには、きわめて重要な内容を含んでいるため、話し合いによる解決は不可能であるという旨が記されていた。

宗門側が指摘する「きわめて重要な内容」とはどういうものだったのか。

それは「池田名誉会長のスピーチが法主である日顕上人を批判、侮辱した」「四箇の格言を否定した」「ベートーベンの第九交響曲『歓喜の歌』のドイツ語の合唱は外道礼讃である」などの6項目にわたる疑義が、宗門が入手したテープから確認できたというのだ。ちなみに「四箇の格言」とは、日蓮が当時の念仏宗など四つの主な宗派を宗教的に批判した教義のことだという。また「外道礼讃」の外道とは、「内道」と呼ばれた仏教以外の諸宗教を指す。宗門では他宗教を礼讃したり、評価したりしてはならないという教えを貫いてきた。キリスト教を文化的背景に持つベートーベンの第九を合唱することは、その掟に反するというのである。

確かに池田は、この日の本部幹部会で合唱団と交響楽団が創価学会創立60周年を祝い、ベートーベンの「歓喜の歌」を演奏合唱したことに感謝し、創立65周年にも、70周年にも再び大合唱を行なってはどうかと提案している。しかし、第九を歌うことのどこが問題なのか。しかも、当時の聖教新聞に掲載されたスピーチを何度読んでも、日顕への批判や侮辱はどこにも見当たらない。私からしても、宗門側がどこに激しい怒りを感じているのか、さっぱりわからない。

秋谷は12月23日、藤本あてに返書を送り、先の文書に記された6項目にわたる疑義への見解を記すとともに、宗門との対話を求めた。ところが、この秋谷の返書に対して藤本からは、12月26日付で「文書による誠意ある回答を示される意志がまったくないものと受けとめた」との通知が送られてきたのだ。

さらに宗門は、翌27日に緊急の臨時宗会を開催して、その場で日蓮正宗の宗規を変更し、1984（昭和59）年から再び法華講総講頭に就いていた池田や、大講頭の秋谷たち12人の創価学会幹部に対して法華講幹部の資格喪失を決定した。つまり事実上、総講頭、大講頭の罷免を宣告したのだ。

破門宣告と宗教的正統性の危機

１９９１（平成３）年1月、創価学会は反撃を開始する。まず、元旦に宗門の「お尋ね」文書の根拠になったスピーチを録音したテープの反訳に多数の誤りがあることを指摘。すると宗門は同月12日、創価学会の指摘どおり反訳に誤りがあったことを認め、質問そのものを撤回した。こうして臨時宗会の開催からわずか半月で、池田を罷免した前提そのものが崩れてしまったのである。

しかし、宗門は自らの過失が明らかになっても、創価学会との関係を正常化しようとはしなかった。3月に入ると創価学会切り崩しの姿勢を明らかにし、学会員を脱会させて宗門に付かせる「檀徒づくり」を狙った施策を打ち出していく。

まず当時、創価学会に一任していた海外布教の方針を廃止するよう一方的に通知。代わって宗門が海外における檀徒づくりを企図した。さらに3月16日、大石寺への登山会について、今後は末寺が発行する「添書（てんしょ）」と呼ばれる証明書がなければ参詣を認めないという方針を打ち出した。つまり、学会員を末寺に行かせて登山会をダシに檀徒になるかどうかの踏み絵をさせようという作戦である。こうして日顕自らが宗門の公式方針として、学会員を引き抜いて檀徒づくりを行なうよう号令をかけたのだ。

この宗門と創価学会との対立は、世間の注目を集めた。結局、前年12月に宗門から「お尋ね」文書が創価学会に出されて以降、双方トップが直接顔を合わせて話し合う機会は一度も持たれないまま、1991（平成3）年11月28日に宗門から創価学会に対し「破門通告書」が送付された。「日蓮正宗は、宗教法人創価学会を破門に付し、以後、日蓮正宗とは無関係の団体であることを通告いたします」という内容である。

宗門から破門宣告を受け、創価学会は宗教的には存続の危機に立たされた。なぜなら、創価学会は日蓮正宗に所属する在家信徒団体であり、教義も本尊も宗門に依存している上、創価学会には出家僧侶は一人もいない。通常、信徒団体とは宗門に一方的に指導される立場であって、宗教的には無力に等しい存在である。葬儀や法事など儀式執行についても同様で、宗門僧侶が当然のように儀式の中心者として執行されてきた。破門になった創価学会の会員として残ることは、宗教的正統性が失われることを意味し、信心の目的である成仏が叶わなくなるかもしれないのだ。

したがって、破門宣告を受けた創価学会は、いずれ活動の多くが行き詰まり、衰退が始まることは間違いないと考えられた。第一次宗門問題では創価学会は衰退を免れたが、それでも数万人ともいわれる学会員が脱会した。今回は池田が総講頭を罷免され、さらに創価学会が宗門から破門されたのである。前回を上回る脱会者は必至と思われた。さしもの創価学会も崩壊に向かうであろうと、マスコミや創価学会ウオッチャーが色めき立ったのも無理はない。

池田の総講頭罷免から破門に至るまでの約1年間の様子を創価学会幹部に聞くと、当初は創価学会内部にはこの先どうなるのだろうという焦りや不安が漂っていたことは間違いないようだ。それも当然だろう。これまで宗門と創価学会はともに手を携えて広宣流布を進めてきた。激震に見舞われた第一次宗門問題のときですら、創価学会が宗門に従う姿勢は最後まで変わることはなかったし、宗門側も謝罪に配慮し、創価学会を表立って批判するという一線は越えなかった。それが第二次宗門問題では最初から宗門が創価学会と池田を批判し、切り捨ててきたのである。宗門と創価学会が真正面からぶつかり合う、いわば〝戦争状態〟に突如巻き込まれた会員の驚きは大きく、当初、創価学会内にはぴりぴりした緊張感のようなものが漂っていたようだ。

本尊下付と登山の停止という衝撃

序盤は宗門が攻勢に出て、創価学会がこれを迎え撃つという展開だった。緊急事態を前に、池田や創価学会執行部に課せられたのは、全国に数百万人存在する会員に事情を説明し、創価学会の正しさを納得させることであり、宗門からの攻勢、つまり会員を引き抜く檀徒づくりの動きをどう防いでいくかということだった。

すぐに直面したのは葬儀の問題である。僧侶が来なくなった葬儀に対して、創価学会は地元の幹部が僧侶の代わりに葬儀の中心者となる、いわゆる「友人葬」という方式を打ち出した。友人葬を執行するのは「儀典長（ぎてんちょう）」と呼ばれる在家の創価学会幹部だ。華美な祭壇は設けず、近親縁者や友人などゆかりのある人が集まり、皆で読経唱題して故人の冥福を祈り、生前の思い出などを語ることで偲ぶという形式がとられた。儀典長は無償で執行することが徹底され、布施も一切受け取らないという。香典についても学会員の参列者には簡素化する方向で指導していった。

ただし、当初は学会員の中でも戸惑いの声はあったと聞く。「僧侶のいない葬儀などあり得ない」という意見もあるなか、創価学会は友人葬に踏み切った。教学部長の森中理晃が当時を振り返る。

「始めた頃は、『なんで葬儀に坊さんが来ないんだ』という反発の声もありましたし、親戚から非難されるのではないかと心配する会員もいたようです。幹部の中にも、本当に大丈夫なのかと危ぶむ声もありましたが、それでも、やってみたら案外よかった、むしろ心を込めて送ることができたと実感できた。その自信が、それぞれの中に芽生えたようです。やり通すことによって学会員の友人葬は定着していきました。1991(平成3)年から正式にスタートしますが、これは一つの葬儀革命であるというふうに我々は受け止めています」

スタート時は一般社会から驚きを持って受け止められた創価学会の友人葬だが、今では僧侶のいない葬儀形式はシンプルだが、真心のこもったものとして評価する人も多い。少子高齢化に伴い、近年、社会的にも葬儀はますます簡素化の傾向にある。そうした流れの先鞭(せんべん)をつけるものとして、友人葬が時代を先取りしてきたことも事実だ。

また、本尊下付と登山の停止という宗門からの処分に対しても、自宅の本尊に唱えることが信仰の基本であり、成仏の道であること、また仮に本尊そのものが目の前になくても信心があれば功徳があることなどを日蓮の教えを裏付けに丁寧に会員に説明していった。

第二次宗門問題が勃発した当時を知る学会員に、本尊下付と登山の停止について問うてみると、次のような答えが返ってきた。

「御本尊をもらえず、登山会に参加することもできないという事実を受け入れるには時間がかかりました。学会員にとって本山は心のふるさとのような存在でしたから、それを失ってしまい辛い思いをした学会員は多かったはずです」

葬式仏教との決別を決意し、新たな広宣流布への一歩を踏み出した創価学会だったが、会員たちが一枚岩だったかというと、決してそうではなかったようだ。先の学会員のコメントにもあるように、それまで信仰の柱としていた本尊下付と登山会がなくなってしまったことは、相当なダメージだった。

ある学会員はこう語る。

「御本尊をもらい、登山会に参加し本山に行くというのは学会員にとっては長く続いた伝統ですし、抗(あらが)えない魅力がありました。そうした魔力にも似た力を持つ宗門につくか、池田名誉会長につくか、我々は選択を迫られた。二つを天秤にかけられたようなものです。最終的にはほとんどの学会員が池田名誉会長についていこうと決心したわけです」

全国を奔走し創価学会の正しさを説いて歩いた幹部たちの姿勢が、学会員の心を動かしたのだろう。誰かに頼るのではなく、自分の足でしっかり立つことにこそ日蓮の教えがあり、僧侶に拝んでもらうから成仏できるのではなく、自身の信仰の先に成仏が存在するということに学会員たちが気づいたというのだ。

ある意味、宗門の縛りから解放されたわけだ。創価学会内部には葛藤もあっただろうが、外から見るかぎり、大きな動揺が感じられなかったのはそのせいかもしれない。そうした一人ひとりの意識改革こそが、創価学会が言う「平成の宗教改革」なのではないか。

僧侶による儀式執行など、長年染みついた葬式仏教の観念から解き放たれたことが、第二次宗門問題を乗り越えた末に創価学会が手に入れた一番の成果なのだろう。考えてみれば、死んでから他人に拝んでもらい成仏できるというならば、生きている間に真面目に仏道修行などする必要はなく、欲望に任せて好き放題に生活すればいいことになる。

こうして創価学会は創立以来、最大のピンチともいわれた第二次宗門問題を乗り越えた。

宗門が仕掛けた「創価学会分離作戦」

その一方で、この時期、宗門側のいくつもの「不行状」が明らかになり、会員がそれまで抱いていた僧侶に対する畏怖感や幻想は崩れ、不信感が募っていた。例えば、法主の日顕その人が先祖の墓を他宗の禅寺に建立していたという醜聞などがそれである。日蓮正宗において他宗は批判の対象であり、そこに墓を建立するなど考えられないことであった。そのほか、異性やカネなどにまつわる宗門僧侶の数々の醜聞が飛び出して、1年が過ぎる頃には宗門の堕落ぶりや権威を笠に着る態度への反発などが会員に定着することになった。

なかでも「創価学会分離作戦」、いわゆる「C作戦」と呼ばれる日顕が主導した創価学会切り崩しの陰謀が露見したことは、決定的な意味を持ったようだ。主任副会長の谷川佳樹に話を聞いた。

「宗門は池田名誉会長の1990（平成2）年11月16日の第35回本部幹部会でのスピー

チを問題にしていたのですが、それより4カ月も前、なんと7月に、池田名誉会長はじめ幹部たちを解任するつもりだったのです。創価学会に解散を勧告して、学会員たちに創価学会を脱会させるという策謀が練られていたのです。11月16日のスピーチというのは、いわば言いがかりだったのです」

日顕はこの作戦によって「(創価学会から)20万人が宗門に来ればいい」と周囲に語っていたという。実際にはそれ以上の脱会者が出るものと見込んでいたようだ。

しかし極秘のはずだった「C作戦」は、その存在が知られることになった。法主による創価学会壊滅作戦という前代未聞の謀略に対する学会員の怒りはすさまじく、宗門と日顕への不信感はいやがうえにも高まった。こうして日顕の目論見どおりには事は進まず、創価学会の脱会者は生まれなかったのである。

これは私の推測だが、宗門が徐々に存在感を増していく創価学会を疎ましく思うのと同様に、創価学会側でも宗門の束縛を窮屈に感じはじめていたのかもしれない。

〝嫉妬〟として表出した宗門の焦り

では、宗門がここまで創価学会を攻撃しようとした動機は何だったのか。まずは、先の谷川に事の経緯を問うた。

「創価学会側としては登座当初から日顕を非常に立てていました。ところが、学会員たちが本当に尊敬しているのは名誉会長なので、それが正直に態度に表れるわけです。例えば、文化祭などで名誉会長が登場するとわっと歓声が上がる。しかし日顕に対してはそうはならない。それが宗門側としては面白くなかった。要するに嫉妬していたわけですね」

僧侶が池田の人気に嫉妬するというのか。にわかに信じがたい話が飛び出した。

「僧侶たちの間には、立場的には宗門の僧侶が上で、在家は下、という抜き難い意識がありますから、自分たちよりも尊敬される名誉会長が憎くてならなかったのでしょう」

池田が学会員から尊敬されるのが気に入らない。たったそれだけの理由で、池田をはじめとした幹部らの宗門における資格を全て喪失させ、創価学会を破門にするという暴挙に出たというのか。しかも、創価学会は長い間、宗門に対して膨大な供養をしてきたはずである。数百億円にものぼる正本堂建立の資金もほとんど創価学会が賄ったと聞く。創価学会を破門にするということは、重要な資金源を失うことを意味する。嫉妬でそこまでのことをするとは、私には到底理解できなかった。

谷川はその辺りをどう捉えているのか、再び問うてみた。

「一つには、当時、池田名誉会長が力を入れていた海外布教の問題があるのです。アメリカやヨーロッパの会員たちの多くはキリスト教徒です。韓国にも少なからぬキリスト教徒がいるし、インドにはヒンズー教徒がいる。池田名誉会長は、会員たちの主体性を尊重している。また非常に義理堅いため、海外から帰るたびに宗門に報告しているのですが、宗門はこれが気に入らない。宗門にしてみると、キリスト教やユダヤ教は邪教で、それを認めているというのは謗法になるわけです」

このとき日顕は、在家の創価学会主導で広宣流布が進むことよりも、再び旧来の僧侶中心の宗門体制に戻したいとの気持ちが強かったのではないか。そうした思いが〝嫉妬〟という形で表出したのかもしれない。確かに、創価学会から流れ込む供養を捨てるのは惜しい。しかし、在家信徒団体と呼ぶには、創価学会はあまりに大きくなりすぎた。もはや宗門が自由にコントロールできる存在ではなく、その中心にいたのが池田だった。信徒を支配したい宗門にとって、池田は目の上のたんこぶのような存在だったのだろう。池田さえ排除できれば、創価学会は第一次宗門問題のときと同じく失速していくと見ていたのだろう。しかし事態はそのとおりには進まなかったわけだ。

日顕は年が明けた1992（平成4）年1月、自ら筆をとって「文藝春秋」に「創価学会会員に告ぐ」という檄文（げきぶん）を発表。宗門が破門を通告した理由を説明し、学会員に脱会を呼びかけたが、ほとんど効果はなかったようだ。こうして第二次宗門問題における創価学会内部の空気は、第一次宗門問題のときの沈痛な雰囲気とは違ったものだった。かつてのような大量の脱会者も見られず、創価学会内は落ちついていた。

1度目の紛争のとき、創価学会側は宗門に対してきわめて低姿勢だった。池田は宗門側に深い謝罪を繰り返した。それでも多くの脱会者が出たと聞く。ところが、2度目は池田も創価学会幹部も全く謝罪しなかった。いや、それどころか宗門と闘った。それでいて脱会者はほとんど出なかった。多くの学会員が、破門された創価学会に残った。

1969（昭和44）年に始まった、創価学会が創設以来の危機といわれた言論・出版問題を乗り越えられたのは、池田と学会員の絆が存在したからだ。それは婦人部をはじめ、数人の学会員にインタビューを行なった結果、私が得た答えだ。さらに第二次宗門問題においては、これに加えてある技術革新によって学会員の絆がより強まったという。先の森中は、それが衛星中継システムだと言う。

「第二次宗門問題が勃発する直前、1990年頃から、衛星回線で全国にある約1000もの会館に創価学会本部の会合を大画面のモニターに映す中継システムを導入したことで、名誉会長の話を全国の学会員が直に聞けるようになりました。肉声はもちろん、姿も見られるようになったのです。そのために名誉会長が何を考えているのか、宗門の主張のどこがどう間違っているのかを、全国の学会員たちが理解、納得し、安心できたのです」

そう言った後、森中は「自分たちが信念を貫き、正義のために何を勝ち取ってきたかが、学会員一人ひとりの中で明確に育っていた」のだと言い切った。

ここで、宗門の「C作戦」の全容が明らかになった後の、池田の学会員へのスピーチを紹介しておく。

「私どもは、これまで十数年間、僧俗和合のため、何があってもひたすら耐えてきた。つねに宗門を立て、守り、かばおうとしてきた。だが、今、私どもが宗門の危機的状況を見るに及んで、これ以上、黙っていることは、かえって大悪となる。後世のために、真実を伝え残しておかねばならない。今、あらんかぎりの声で叫び、大悪の根を断ち切っておかなければ、大聖人の仏法は消滅してしまう――これが、私どもの憂いであり、心からの『叫び』となったのである」（１９９１〈平成３〉年11月23日）

「学会の僧俗和合への努力が、今、報われていないことは、まことに残念なことである。しかし多くの識者からも指摘されているように、宗門が今のままであれば、時とともに荒廃し、宗門内で収拾のつかない状態になることは目に見えている。僧侶のなかからも、危惧の声は多くあがっている。本当にそうなれば、たいへんなことだ。むこうの内紛をこちらに転嫁されて、大切な同志が今まで以上に利用され、苦しめられ、傷つけられかねない。それだけは絶対に避けねばならない。そうなる前に、宗門のほうから、学会に『無関係の団体』と通告してきたことは、深い意味のあることであろう。後になって、危ないところだったと、はっきりわかるにちがいない」（１９９１〈平成３〉年11月30日）

葬式仏教との決別

ここで2度にわたる宗門問題の意味について考えてみたい。

宗門と創価学会との紛争は１９７７（昭和52）年に勃発した第一次宗門問題に始まり、途中に約10年間の小康状態を挟んで１９９０（平成２）年から第二次宗門問題として再発。２０１８（平成30）年の現在に至るまで約30年間、互いに相手を激しく批判しながら争いを続けている。

まるで信徒争奪をめぐるお家騒動のようではないか。しかし、創価学会ではこの一連の出来事を、江戸時代以来、数百年続いてきたいわゆる日本の「葬式仏教」に対する問題提起と捉えている。

葬式仏教とは、葬儀と法事だけを行なう現在の仏教界のあり方を揶揄した言葉である。江戸時代の檀家制度によって、人々は個人の意思と関係なく先祖代々の寺に所属し、改宗も許されなかった。寺は葬儀などの儀式を執行して、布施や供養を得て経済基盤を維持し、宗派としての存在を保証されていた。その結果、僧侶は信徒を下に見るという、僧侶中心主義を生み出した。同時に寺は一定の収入が確保されるようになった。定期的に布施が入れば、あとは法事と葬儀だけを行なっていれば、それで寺は安泰だ。宗教の生命線ともいうべき布教活動を行なう必要もない。こうして日本の仏教は、人々の生老病死の苦悩を解決したり、悟りの世界を考究したりするという本来の目的から徐々に逸脱し、葬儀や先祖供養などの儀式を重視する葬式仏教へと変質したのである。これでは僧侶は堕落する一方だ。この基本的性格は明治時代になっても変わらず、それは日蓮正宗も同様だった。

こうした日本仏教のあり方を啓蒙思想家の福澤諭吉は、「日本国中既に宗教なしと云ふも可なり」（『文明論之概略』）と喝破した。

福澤同様、かつて日本の葬式仏教を批判した人物がいる。日本初の内閣総理大臣に就任した伊藤博文だ。

内閣総理大臣となった伊藤は自由民権運動を受けて、国会の開設を宣言。それには国の基本となる憲法が必要と考え、研究のため約1年かけてドイツやイギリス、フランスなどヨーロッパ各地をまわった。研究の過程で、彼は文明の基本には必ず宗教が存在すると気づくのだ。どの国にもキリスト教がある。宗教があるから文明が発達し、国がうまくいくのだと。

国の発展のため日本も宗教を持つべきだと考えた伊藤は、プロシアのある高名な学者に相談した。すると、日本には仏教がある、仏教を国の基本にしたらどうかと勧められたという。しかし、伊藤は周囲の者と論じ合ってそれは無理だと判断した。なぜなら、江戸時代の昔から僧侶たちは葬式仏教に身を転じ、信じる対象にはなっていない。さらに日本の仏教はいくつもの宗派に分かれている上、互いに反目し合っている。そうした仏教から文明が生まれるわけはないというのが伊藤たちの主張だった。

そこで伊藤は天皇統治体制のもと、神道を中心とする政府主導の国民教化を目指した。「大日本帝国憲法」において天皇の神聖不可侵の地位を明文化、いわゆる「国家神道」の始まりである。しかし、第二次世界大戦後、占領軍の神道指令により解体された。

国家神道体制のもと、布教活動を制限されていた新宗教はここで精力的に動き出す。昭和初期に誕生した創価学会は、日蓮正宗の信徒団体という立場であったが、日蓮本来の教えに忠実に立ち戻ろうとした。ただし、この路線を貫けば葬式仏教に甘んじている既成仏教各派をはじめ、社会との間に摩擦が生ずることは明らかだった。実際に牧口と戸田は逮捕、投獄され、戦後も創価学会にはさまざまな勢力から圧迫が加えられた。

一方の宗門は、他の既成仏教同様、葬式仏教としての姿勢を変えることはなく、改革を試みる創価学会に対し冷ややかな視線を送っていた。池田の時代に創価学会が飛躍的な発展を遂げ、公明党が結成されて社会的な存在感を増していくと、自分たちが創価学会に乗っ取られるのではないかという危機感を抱いたとしても無理はない。その後、日顕が登座すると、ますます葬式仏教に固執するようになり、ついには創価学会をカットする「C作戦」を発動し、創価学会を破門するに至るのである。

では、日蓮仏法における葬式仏教化の影響とはいかなるものだったのか。

ここで東日本国際大学教授の松岡幹夫にも話を聞いてみる。

彼は第二次宗門問題勃発時、僧侶として日蓮正宗大石寺に所属していた。つまり宗門側から事態を見つめていたわけである。

「当時、僧侶というのはあくまで職業であり、ビジネスとして信仰をしているようでしたね。本来信仰というのは、困っている人を救うために祈り、葬儀で故人の冥福を祈り、関係者を励ます、そういう思いが根本になければいけないもの。創価学会にはありましたが、僧侶の世界にそういう気持ちは存在していなかったように思います。

宗門問題勃発以前から、創価学会はより広く社会に受け入れられることを目指していました。そのため仏教の専門用語ではなく、できるだけわかりやすい言葉をつかうよう心がけていたのです。そこで、池田名誉会長は『人間主義』や『生命哲学』という言葉をつかい、教えを説いていたのですが、この『生命哲学』という言葉に宗門は異議を唱えてきたわけです」

「生命哲学」という言葉が怒りの端緒になるとは、一体どういうことなのか。

「日蓮の御書にもない言葉を信者が勝手につかうとは何事だ、というのが宗門側の怒りの理由でした。しかし、『生命哲学』の生命というのは、仏の実体を表すものです。我々の生命というのは、在ると言えば在る。しかし、出してくれと言われても、どうやって出せばいいかわからない。では実在しないかと言うと、ちゃんと実在していると。これこそが日蓮がずっと説いてきた法というものの実体で、仏の実体なのです。生命を離れて仏法は存在しないということで、この戸田会長の教えを受け継いだのが池田名誉会長です。しかし、その考え方は宗門には存在しなかったのです」

「創価学会独立論」を問う

ここでもう一点検証しなければならないことがある。いわゆる「創価学会独立論」と呼ばれるものだ。創価学会は、以前から宗門からの独立を画策していたのではないかという見方である。

しかし先に述べたとおり、創価学会は長年にわたって宗門外護のために供養を続け、秋谷が言うように、宗門との僧俗和合によって広宣流布を目指すという路線を変えることはなかった。つまり、私が取材をしたかぎりでは、破門されるまで創価学会の首脳にも現場の学会員にも独立の意識があったとは思えない。破門を言い渡されたことで初めて、創価学会は宗門の葬式仏教体質に限界を感じ、独立の決断をしたのだ。

ただし、私はこの宗門問題を客観的に評価するためには、学会員へのインタビューだけで結論を出すのは、いささか公平さに欠けるのではないかと思っていた。本書を執筆するにあたり、第一次・第二次宗門問題後、創価学会から脱会し、現在は反創価学会派を標榜し、批判的な立場をとる人物から話を聞き、資料にも数多く目を通した。そこから得た私の考えを述べたい。

取材を通じて私が感じたことは、彼ら批判者の創価学会に対する認識は、脱会した時点で反創価学会となっていて、池田が私物化していると決めつけているのである。これには、私は合点がいかない。もしも、池田にいささかでも私物化の気持ちがあれば、言論・出版問題以後、何度もの深刻な危機に直面した際、学会員たちは池田から離反していたはずである。

池田は葬式仏教と揶揄される日本の仏教界に一石を投じながら、日蓮の教えを世界に広めようと努力してきた。要するに日蓮仏法の根本は外さずに、柔軟性を持ちつつ、筋は通そうとしているのだ。

新たな布教活動が始動

さて、第二次宗門問題を契機に創価学会にはどういった変化が生まれたのか。

まず、宗教的な寛容性が高まったように思われる。初期の創価学会は他宗を邪教と言い切り、強引な折伏を推し進めるなど、攻撃的、排他的というマイナスイメージがつきまとっていた。しかし池田は以前から、人類が抱える諸問題を解決するためには宗教同士が協力すべきであると考え、宗教間対話にも積極的であった。１９７５（昭和50）年には、イタリアを訪問し、当時のローマ教皇と会談する予定まで組まれていたが、直前に宗門がキリスト教徒との対話に難色を示したことで実現に至らなかったのだという。在家信徒団体としては、それも無理のない話だ。

先のベテラン編集者の学会員は、「宗門と決別したことで、むしろ活動しやすくなったのではないか」と語る。

「池田名誉会長が当時のソビエト連邦に行く際、宗門が『どうして無神論の国に行くんだ？』とクレームをつけたという話があります。同様に、キリスト教の国を訪れることに対しても納得がいかなかったようです。宗門と決別した後、そういう制約を受けずに済むようになったのは、世界的な広宣流布を進めていく上では、とてもプラスになったのではないでしょうか」

同時に、国内においても創価学会の活動領域が広がったことは間違いないようだ。学会員に話を聞くと、宗門と決別して以降、地域のためのさまざまな活動に参加するようになったという。例えば、地域のお祭りでお神輿（みこし）も担ぎ、町会役員や学校のＰＴＡ役員も引き受ける。さらに、交通安全週間の行事にも参加するなど、ありとあらゆる地域活動に参加しているというのだ。言論・出版問題後、池田が目指した地域との融和が、ここにきてようやく根付いたということだろう。当時の事情について、先に登場した谷川は次のように語る。

「活動を仕切っている地域の有力者というのは、多くの場合、氏子であったり檀家総代であったりするわけです。宗門と別れる前の創価学会は、宗門からの非寛容的な指導を尊重せざるを得ず、彼ら他宗の人々と共存することは不可能で、むしろ対立していました。でも、第二次宗門問題以降は地域で融合していけるようになった、それは大きな変化です」

こうして考えると、宗門と別れたことで、世界広布、地域との融合など、新たな布教の形を見出したように私の目には映る。

池田大作とは教祖なのか

ここまで2度にわたる宗門問題、そこから導き出された創価学会の宗教論、さらにその後の創価学会の歩みについて詳述してきた。言論・出版問題から始まる一連の騒動の締めくくりとして、池田自身のことについて書いてみたい。

第一次宗門問題を機に、池田は創価学会の会長から退くことになった。当時のことを先のベテラン編集者の学会員はこう語る。

「池田名誉会長が創価学会にいらっしゃるだけで、皆がワクワクするのです。それだけに宗門問題で辞任されたときは、火が消えたようになってしまいました。なぜ名誉会長がいらっしゃるとワクワクするのか、それは名誉会長が常に本音で語られるからです。話していると、一緒に未来をつくり上げていけるように思えるのです」

1995（平成7）年、私は雑誌「中央公論」の対談で池田に会った。これが2度目の出会いだ。第一次・第二次宗門問題の後だけに、その顚末を聞き出そうと思ったのだが、池田は宗門の批判は一切口にしなかった。1973（昭和48）年に会った際、彼は「難しいことがあると、逆に頑張れるのです」と語っていた。2度にわたる宗門問題への対応は、まさにその言葉を体現しているようだった。初対面のとき、池田は私の問いかけに実に率直に答えてくれた。それは2度目の対談でも同様で、彼は常に本音で語るのだ。

「池田さんが攻撃されるのは、公明党があるからで、それがなければ攻撃されないはず。公明党をやめたらどうですか?」

2度目の対談という気安さから、私はそんな問いをぶつけてみた。すると池田はこう返してきたのだ。

「そのとおりです。だが、私が発言すれば、すぐに『政教一致』と大騒ぎになることは明白です」

これに私が「解党すれば布教もしやすい、と」と尋ねると、彼は「しかし、そんな後ろ向きの議論をしても仕方ない。だから、論ずる必要もないし、時代の流れにそっていけばいいと思う。あとは、党が党として、どう舵をとるか、です」と答えた。

また、池田はこうも語った。

「民衆が関与できない政治は民主主義とはいえません。民衆が政治に関与せざるを得ないのが、民主主義です。創価学会は、平和を実現するための、社会の変革を目指す団体です」

「田原さん、うちは選挙があると、皆が結束し、頑張れるのです。それが創価学会のエネルギー、バイタリティにつながっていくのです」

ともすれば政教一致と取られかねない発言である。そして無難なやり取りですませようとしているのならば、こんなことは言わないであろう。私がそんな勘ぐりをしないと信用してくれているのだと受け取ることで、私は池田を信用することになる。学会員たちに対して、このように接しているのであろう。つまり、どんなときでも本音で向かい合う、そこに私はとても魅力を感じるのだ。

私は先に「創価学会には教祖は存在しない」と述べた。創価学会では、初代会長の牧口常三郎、第2代会長の戸田城聖、そして第3代会長の池田大作、この3人を称して「三代会長」と呼ぶことが多い。それだけ学会員にとって彼らは特別な存在なのだ。どうも世間には、学会員は三代会長を教祖のように崇(あが)めているのではないか、という認識が存在するようだ。なかには、学会員の家にある仏壇の奥には池田大作の写真が収められているのではないかなどという、まことしやかな噂まで聞こえてくる。

しかし、学会員に実際に話を聞いてみると、それは全くの誤解であることがわかる。彼らは礼拝の対象として池田を見ているわけではない。信仰の中心はあくまで本尊であり、池田はそこへ導いてくれる師匠だ。決して形而上(けいじじょう)の存在ではなく、自分たちを導いてくれる指導者のような役割を果たしている、学会員たちはそう言う。

それゆえ、喜怒哀楽もあり、とても人間臭い面も持ち合わせている。なんでも本音で話してしまい、そのことであらぬ誤解を受けてしまうという点も、実に人間臭いではないか。池田との対談で、私はそれを強く実感した。

〈解説〉

仏教における儀礼の検証

第二次宗門問題勃発後、創価学会では塔婆、戒名、お彼岸、お盆など仏教にとって馴染みの儀礼について検証と見直しが行なわれた。これらの儀礼が本来の仏教に必要なく、後世に加えられた儀礼だと明確にすることが目的だった。塔婆はインドの仏塔（ストゥーパ）を象（かたど）った板で、平安時代に広まった日本独自のものであり、もともと故人の追善を目的にはしていなかった。戒名も本来は僧侶が出家したときに授けられた法名に由来し、江戸時代以降に在家信徒に死後戒名として与えたものであり、成仏とは無関係であった。お彼岸はインド、中国にはない日本だけの風習で、江戸時代に檀家の寺参りを習慣化するために僧侶が春秋の参詣を推奨したものだ。お盆はインドでは僧侶が遊行に旅立つ前に罪を懺悔する日であり、中国では僧侶に供養する日であった。日本ではそこに先祖供養の要素が加わり現在のお盆の風習になったという。

こうして仏教において必須であると思われてきたさまざまな儀式や儀礼のほと

んどが、後世になってつくられた習俗的なものであるとと、多くの学会員が知ることになった。日蓮が残した遺文にも、端的に「成仏を約束するものは他者ではなく、自分自身の御本尊への強くて純粋な信心以外にない」と説かれている。つまり僧侶に祈ってもらうから成仏できるのではなく、あくまでも信心した人が熱心に御本尊に祈ることによって成仏が約束される。こうして創価学会は、葬式仏教のあり方そのものを問い質していった。

こうした一連の革新運動に対して、仏教学者は次のように見ている。

「釈尊は、儀式は在家（一般の人々）によって執り行われるべきで、僧侶は仏道修行に専念すべきであると遺言しています。（中略）仏教は本来、儀式で人を縛ることはしません。（中略）むしろ現代の〝葬式仏教〟は、江戸時代の檀家制度（寺請制度）の名残りが今日まで延々と続いているんです」（東京大学・中村元名誉教授／長野日報　1993年3月16日付）

「どうか学会員の皆さんは、今回の宗門問題を契機に、宗門の制度的規制を〝内燃機関〟として、信仰心を強烈に爆発させていただきたい。そして、これまでの日本の歴史における宗教の殻を破り、まさに画期的な民衆の側に立った宗教の範

として〝産みの苦しみ〟を乗り越えてもらいたい」（明治学院大学・武者小路公秀教授／聖教新聞　1991年3月15日付）

「今日、学会は金満体質の中で堕落した宗門に対し改革を求め、日蓮大聖人の『御書』中心、大聖人根本という原点への肉薄を主張する。（中略）日本仏教史上、画期的な運動であると高く評価したい」（京都大学・樋口謹一名誉教授／聖教新聞　1991年11月14日付）

創価学会分離作戦（C作戦）

宗門トップである日顕が仕掛けた「創価学会分離作戦」、別名「C作戦」。「C」はカット（CUT）の略だという。その作戦文書の冒頭には、次のようにあったという。

「この計画作戦の《目的とするところは、池田名誉会長を総講頭職から解任し、日蓮正宗は創価学会とは無縁の宗教団体であることを一般世間に公表し、創価学会組織の徹底壊滅を図り》、もって純粋なる信仰に基づく金甌無欠（完全で欠点のないこと・編集部註）の組織の再編成を目的とする」

明らかに創価学会の壊滅を目的とするものであり、「作戦次第」として次の三段階が示されているという。

第一段階　１９９０（平成２）年７月28日　臨時宗会において必要な宗規の改正

第二段階　１９９０（平成２）年８月13日　末寺の御講で三宝（仏法僧）の権威を称揚し帰依を勧める

第三段階　１９９０（平成２）年８月20日　宗内に対策本部を設置し、創価学会との無関係宣言を内外に発する。マスコミへの記者会見で宗門の正当性を訴える。学会員に宗門か創価学会のいずれをとるか選択させ、宗門を選ぶ学会員には脱会届を提出させる。１、２年後に元学会員を全国組織化する。海外信徒は宗門が直接管理する

この「C作戦」が謀られたのは、第二次宗門問題が勃発する直前、１９９０（平成２）年７月のことだった。まず７月16日に東京都文京区西片の大石寺出張所で、日顕を中心に宗門役僧らで池田を宗門から追放する謀議が行なわれた。これを「西

片会議」と呼ぶ。続いて18日には大石寺の大書院で、再び日顕を中心に創価学会攻撃の作戦が話し合われた。「御前会議」と呼ばれる、この話し合いの席上、日顕が「C作戦」を命名したとされる。

「C作戦」の目的は、学会員から尊敬を集める池田を処分して、大量の学会員を檀徒にする、つまり創価学会を壊滅させることだった。

「C作戦」発動の前年に当たる1989（平成元）年2月、宗門は突如、登山費の大幅値上げを創価学会に要求した。さらに翌1990（平成2）年3月、宗門・創価学会連絡会議の席上、宗門側から御本尊下付、塔婆、永代供養などの冥加料（手数料）の値上げを一方的に通告。これは宗門財政の強化を狙ったものだった。そして同年7月21日、日顕が池田を罵倒するに至る。

日顕は1979（昭和54）年の登座直後から、表向きには創価学会との融和路線を進めつつ自己の基盤を固め、宗内を統制していった。創価学会は、日顕が打ち出す融和路線に対して10年間で末寺200カ寺の建立寄進計画を推進するなどして応えていった。しかし前法主である日達時代に正本堂が建立されたことに比べれば、自身の事績は明らかに見劣りすると考えたようだ（のちに日顕は正本堂を取り壊した)。そこで日顕は池田を失脚させ、大量の学会員を檀徒にすることで権威を強化しようとしたと見られている。

第7章 公明党の連立政権参加とその舞台裏

〈1990年代～2000年代〉

公明党が初の政権党につく

1999（平成11）年10月5日、自民・自由・公明3党の自自公連立内閣が発足した。しかし、これに強い違和感を抱いたのは私だけではないはずだ。なにしろ自民党はそれまで公明党を目のかたきにし、繰り返し攻撃を仕掛けてきた。1994（平成6）年には明らかに創価学会つぶしが目的と思われる「四月会」を結成し、翌1995（平成7）年には自民党が主導して国会に「宗教法人法改正案」を提出し、創価学会・公明党の俗にいう〝政教一致〟を激しく非難した。

一方、公明党も自民党を〝金権腐敗の温床〟〝右傾化〟などと激しく非難してきた。結党以来、「庶民の党」を謳ってきた公明党が自民党と連立を組むなど考えられないことだった。しかし2009（平成21）年9月に自民党が下野するまでの約10年間、公明党は政権与党として政治の中枢を担い、2012（平成24）年12月の第二次安倍内閣発足後は、再び自民党と連立を組み政権与党についている。互いに批判し合ってきた公明党と自民党が、なぜ連立を組むことになったのか。公明党は与党となって一体何をしようとしているのか。自民党に取り込まれてしまったのか……。その答えを探るため、公明党幹部の証言と併せながら政界の変遷をたどってみたい。

公明党は１９７０年代以降、野党第2党の地歩を固めながら、次の目標として政権奪取の準備を進めていた。１９７３（昭和48）年に「中道革新連合政権構想」を発表したのを皮切りに、１９７９（昭和54）年に民社党と「中道連合政権構想」で合意、翌１９８０（昭和55）年には社会党と「連合政権構想」の方針で合意する。さらに１９８１（昭和56）年の党大会で日米安全保障条約を容認し、自衛隊合憲へと大きな政策転換を図る。きたるべき政権獲得のために現実的な政策へと舵を切ったのだ。

一方、公明党の執行部も１９８６（昭和61）年12月に竹入義勝が委員長を退き、矢野絢也が委員長、大久保直彦が書記長に就任したが、この体制は長く続かず、矢野の金銭スキャンダルによって１９８９（平成元）年5月、石田幸四郎委員長、市川雄一書記長の体制になる。この石田・市川体制のもとで公明党は非自民である細川護熙(もりひろ)政権誕生とともに初の政権参画を果たす。しかし、それは支持団体である創価学会への激しい攻撃を伴うものだった。この章では、公明党の政権参画とその前後に起こった支持母体の創価学会に対する攻撃の経緯について具体的に見ていこう。

1989（平成元）年6月、自民党の竹下登首相は、リクルートコスモス（現・コスモスイニシア）社の未公開株が店頭公開前に政治家や官僚に譲渡されていた、いわゆるリクルート事件で失脚。政治と金の問題に対する批判、さらに選挙に大金のかかる中選挙区制度を改正すべきだとする声が、与野党で上がった。

1992（平成4）年8月、自民党副総裁で経世会（自民党内の派閥のひとつ。党内最大派閥として影響力を発揮していた）の会長だった金丸信が、東京佐川急便の元社長から現金5億円を受け取っていたことが発覚。国民の政治不信が急速に強まり、与野党、特に野党内で選挙制度を変える、つまり政治改革の機運が決定的になった。

そんな最中、1993（平成5）年5月、宮沢喜一首相が当時、私が司会を務めていた報道番組「サンデープロジェクト」（テレビ朝日系）に出演し、「この国会で、必ず政治改革をやる」と言い切った。だが自民党内での反対の声が強く、与野党間の協議は不調に終わる。これを受けて、野党が内閣不信任決議案を提出。自民党議員が過半数を占めてはいたが、金丸に次ぐ派閥の会長をめぐり竹下派の内部抗争が勃発、小沢一郎や羽田孜たち約40人が内閣不信任決議案に同調し脱党したために、不信任案が

発足した細川連立政権の閣僚たち（1993年8月）

可決された。

不信任案可決を受けて宮沢首相は同日、衆議院を解散、総選挙が行なわれることになった。

総選挙の結果、自民党は獲得議席数においては第1党の座を守ったものの、単独過半数には及ばなかった。そこで、公明党、社会党、民社党などの会派と、さらに自民党から離脱した細川護熙の日本新党、武村正義の新党さきがけ、それに小沢たちの新生党が手を組むこととなった。その結果、自民党の議席を大きく上回り、非自民の8党会派連立政権が誕生した。結党29年目にして、公明党は初めて政権党についたのである。

公明党からは4人が入閣。委員長の石田幸四郎が総務庁長官に、神崎武法（かんざきたけのり）が郵政大臣、坂口力が労働大臣、広中和歌子が環境庁長官にそれぞれ就任した。

細川内閣の支持率は各メディアの調査によると70％台後半から80％台前半と軒並み高く、それだけ国民の多くが政権交代を望み、また歓迎していたことがうかがえる。

だが、非自民連立政権はわずか1年足らずで崩壊してしまう。短命に終わった最大の理由は、連立政権の推進的な役割を果たしていた小沢一郎の手法があまりに強引かつストレートな上に、調整力不足だったことだ。

その後、細川自身が東京佐川急便から1億円を借り入れ、それを元手に義父名義でＮＴＴ株を購入、売買したことなどが問題となり、１９９４（平成６）年細川首相は辞意を表明した。しかし1億円の借り入れは10年前のことで、連立各党の幹部は「辞める必要は全くない」と主張し、自民党の幹部たちさえ「辞めたのは意外だった」と捉えている。

当時、細川の辞任について小沢に問うと、冷ややかな答えが返ってきた。

「ぼくに相談してくれれば、どうにでもしようがあったけど、いきなり辞表を出したんだ。どうしようもないよ」

勢力分布図の複雑な変化

細川首相の退陣に伴い、新生党党首の羽田孜が首相に指名された。実はその陰で、新生党代表幹事の小沢一郎と民社党の大内啓伍が組んで、新会派「改新」をつくろうとしていた。社会党の勢力低下を狙い、新生党、日本新党、民社党、自由党、改革の会の5党派が統一し、改新を結成。しかし、社会党はこれに強く反発し連立政権から離脱。小沢の根回しが十分ではなかったわけだ。結果、羽田内閣は少数政権となり、自民党が内閣不信任案提出の方針を打ち出すと、総辞職という道を選択した。

その結果、自民・社会・新党さきがけ3党による連立政権が誕生し、首相には社会党委員長の村山富市が就任した。

一方、公明党は小沢と組んで「新・新党」結成に取り組むことになる。

だが、公明党には、反自民党を掲げた新・新党にも全面的には参加しにくい事情があった。3000人に及ぶ地方議員と、47都道府県それぞれに都道府県本部があり、約600人の党職員と日刊の公明新聞を発行しているという党の現状と、一方で東京たからである。

都議会をはじめ多くの地方議会で、公明党は自民党と連携して〝与党〟を形成してい

公明党が出した結論は、分党方式を採用することだった。衆議院議員52人全員と、24人の参議院議員のうち1995（平成7）年に改選される議員を中心とした13人が新・新党に参加、翌年改選されない参議院議員のうち国民会議を除く12人と地方議員、党職員、機関紙部門などはこれまでの組織に残るというもので、1994（平成6）年11月の党大会で決定された。

12月10日に新・新党の主導で「新進党」が結成、結党大会が開催された。衆議院議員178人、参議院議員36人、合計214人の国会議員が参加し、党首には海部俊樹、幹事長には小沢一郎が就任した。公明党出身者も要職に就くことになり、委員長の石田幸四郎が副党首、市川雄一が政務会長、神崎武法が国会運営委員長にそれぞれ就任した。

新生党や日本新党など他党はすべて旧党を離党して、全面的に新進党に参加したが、公明党の分党に対し納得のいかない小沢は、市川に対して何度も完全合流を求めた。しかし、市川にもこの方針は変えられなかった。

新進党が最初に挑んだ国政選挙は１９９５（平成７）年7月の参議院選挙だった。選挙前の予想を覆して、結果は社会党が議席を減らして新進党が躍進した。自民党、社会党、新党さきがけの与党3党全体ではかろうじて参議院の過半数を維持したために村山内閣は続投となったが、自民党の当選者が46人に対して新進党は40人と、新進党が肉薄した。特に深刻だったのは、党勢のバロメーターとされる得票数が、新進党が自民党の得票数を、比例代表で１４０万票、選挙区でも45万票も上回っていたのだ。比例代表の獲得議席も自民党15人に対し新進党が18人だったのである。この選挙結果は自民党に大きな衝撃を与えた。

新進党の勝因が創価学会の持つ機動力であることは、衆目の一致するところであった。この選挙で創価学会は全面的に新進党を支援し、それが比例代表、選挙区での大幅な票の上積みにつながった。

選挙後、自民党が参議院選挙比例代表の結果を衆議院選挙の小選挙区制に当てはめ議席を予測すると、自民党１０５に対して新進党１７７という結果になった。つまり、自民党は新進党に完敗することになるのである。

繰り返し記すが、新進党が勝利した要因は創価学会の組織力にある。その力に脅威を感じた自民党は、創価学会への攻撃を始める。

ところが、ここで奇妙なことが起きる。

参議院選挙の新進党の勝因は創価学会の集票力にあったはずなのに、９月下旬になると、新進党の党首、海部俊樹は党役員の人事に着手する。ここでなんと、政務会長の市川雄一と国会運営委員長の神崎武法を更迭（こうてつ）したのである。一体なぜなのか。

実は、７月の参議院選挙で創価学会に脅威を感じた自民党は、創価学会を攻撃するために宗教法人法の改正をはかった。宗教法人は創価学会の法的な存立基盤であり、急所といえるものだ。その動きを察知した小沢が、国会での与野党協議の場で、市川と神崎が宗教法人法改正反対の最前線に立つことで、「新進党は創価学会の代弁者だ」とレッテルを貼られるのを避けようとしたと見られている。つまり、創価学会色を薄めるため、２人を国会の表舞台から下ろしたのだ。

次に迎えた１９９６（平成８）年10月の衆議院選挙で、新進党は小選挙区比例代表制の総選挙に初めて臨むことになる。しかし、結果は自民党２３９議席に対して新進党は１５６議席と惨敗に終わった。

この結果を受けて、党内では剛腕と評された小沢に対する反発の声が高まり、羽田や細川たちを含め40人以上の議員が新進党を離党。さらに、9人の衆議院議員が自民党に復党したために、自民党は単独過半数を回復することとなった。

追い込まれた小沢は、状況を打開するために自民党内の保守派との連携を図ったが実現せず、1997（平成9）年12月に新進党の解党に踏み切った。

「政教一致」をめぐる自民党との闘い

ここで改めて自民党による公明党・創価学会攻撃について振り返ってみたい。

それは、1993（平成5）年に自民党が下野し、細川非自民連立政権が誕生したときから始まった。言論・出版問題以来、約20年ぶりに再び政治との熾烈（しれつ）なバトルが幕を開けたのである。前回は野党からの攻撃であったが、今度は長年与党を占めてきた自民党からだった。

同年秋の臨時国会で、まず自民党議員の越智通雄（おちみちお）が公明党の石田幸四郎委員長に、創価学会と公明党は政教分離原則に反しているのではないかとの疑問をぶつけた。その理由に、選挙の際、学会員が公明党の選挙支援活動を行なっていること、創価学会の施設が利用されていることなどを挙げた。

それに対して石田は、「選挙の際は、創価学会だけではなく、ほかの施設にもご挨拶に参るときがあります。それらはすべて、幕間に行なっていることです」と答えた。「幕間」とは、「幕間演説」の略で、何らかの行事が行なわれる前や間、あるいは終了後の短い時間を利用し、偶然、その場に居合わせた人たちを相手に政治についての話をすることを指す。幕間演説に特に規制はないが、あらかじめその場で演説が行なわれることを告知していた場合は、幕間ではなく「演説」と見なされる。つまり石田は、創価学会の施設で行なわれているのはあくまでも幕間演説であり、正式な演説には当たらない、そもそも施設を利用すること自体、憲法の政教分離の原則には反していないはずだと主張しているのだ。

越智の質問を皮切りに、翌年の通常国会や臨時国会で約20人の自民党議員が公明党攻撃を行なった。

多くの議員が週刊誌に書かれた批判記事などをもとに質問を始め、次に創価学会の内部文書や学会員の証言などに基づく具体的な事実を突きつけてきた。それまでの答弁との矛盾を引き出そうとしたのである。

1994（平成6）年5月12日、自民党は反創価学会の宗教団体や有識者に呼びかけ、「信教と精神性の尊厳と自由を確立する各界懇話会」を発足させた。いわゆる「四月会」である。

この会の目的は、公明党や創価学会を念頭に「自らの観念や信仰に固執して他を排除しようとする勢力や、それに同調するものと厳しく一線を画する」とし、もともと創価学会に敵対的であった立正佼成会や霊友会などが参加していた。

顧問には藤原弘達はじめ3名が就任し、代表幹事に評論家の俵孝太郎、常任幹事に団体として神道政治連盟（神社本庁）や立正佼成会平和研究所などが就き、個人としては小堀桂一郎（明星大学教授）、佐藤誠三郎（慶應義塾大学教授）、内藤国夫（ライター）、西部邁（すすむ）（評論家）、黛（まゆずみ）敏郎（作曲家）などが名を連ねた。

四月会は自民党の「憲法20条を考える会」を母体として発足した。「信教と精神性の尊厳と自由を確立する各界懇話会」と謳ってはいるものの、自民党の機関紙である「自由新報」の記事を見るかぎり、その目的は明らかに創価学会つぶしにあったといえるだろう。4月から検討が始められたから四月会と名付けられたとはいわれているが、一部の間では「創価学会に死を」という意味を込めて「死学会」と認識されてもいたという。

この四月会設立総会が行なわれたのは、少数与党に陥った羽田内閣が総辞職する直前の6月23日のことで、自民党の河野洋平総裁、社会党の村山富市委員長、新党さきがけの武村正義代表らが顔をそろえ、それぞれが激しい口調で公明党、創価学会を批判した。

「権力の中枢に宗教団体ときわめて密接な政党が座っている。排他的で独善的な体質ならただす」（河野）、「裏で権力を握り、政治をするのはよろしくない」（村山）、「特定の宗教団体が政治に大きくかかわるのは許されない」（武村）といったものだった。

自民党の創価学会攻撃は6月30日、自民・社会・新党さきがけ連立による村山内閣が発足し、政権党に復活しても執拗に続いた。その理由の一つに、１９９５（平成７）年に予定されていた参議院選挙の存在があった。

すでに述べたように、参議院選挙の結果は自民党の予想を大きく下回る厳しいものとなった。このまま総選挙に臨めば、自民党はふたたび野党に転落しかねない。その危機感から、自民党による創価学会攻撃は一段と激しくなった。

しかし、自民党が一方的に公明党を攻撃していたかと言えば、必ずしもそうとは限らない。公明党は結党当時から、「腐敗選挙を徹底的に追放し、腐敗政治と断固戦って、公明なる議会制民主政治を確立する」と自民党を激しく批判。野党の立場から金銭にまつわる問題を中心に追及し続けた。当時、公明党と自民党とは水と油の関係で、お互いを激しく攻撃し合っていた。こうした状況を見て、かつて問題視されていた創価学会の排他性が、政治の分野で再び顔を出したと感じる国民もいたようだ。確かにそう受け止められかねない状況ではあったが、与党の誤りを正すため攻撃し続けることが野党の存在意義であると公明党は捉えていたのだ。宗教的な構図で見ても、自民党のバックには既成の仏教団体が存在し、公明党を支持している創価学会とは相容れることができなかった。

さらに、批判の対象は自民党だけにとどまらず、イデオロギーや政策的な違いから、公明党は共産党とも対立。選挙の度に票を奪い合い、相手候補を批判するということを繰り返していた。1974（昭和49）年、池田大作は対話の機会を求め、共産党との間に「創共協定」を結ぶものの、翌年発表すると同時に公明党内部からの激しい反対にあい、すぐに空文化してしまった。

公明党は当初は野党的な立場を顕示し自民党と闘い、同時に支持層が重なる共産党とも対立を続けてきた。

宗教法人法改正案提出、政教一致論争が再燃

１９９５（平成７）年の参議院選挙後の秋の臨時国会における最大のテーマは、「宗教法人法改正案」であった。もちろん自民党議員たちが主導したものである。

具体的な改正点は、複数の都道府県で活動する宗教法人の所轄を都道府県知事から文部大臣（現・文部科学大臣）に格上げする、つまり監督権限を強化すること、財務関係などの備え付け書類を毎年所轄庁へ提出すること、宗教法人法に定められた備え付け書類・帳簿への利害関係人からの閲覧請求に応じること、などである。

実は、この宗教法人法改正案が検討されることになった直接のきっかけは、新進党問題ではなかった。１９９５（平成７）年3月、オウム真理教のメンバーが東京の地下鉄に神経ガス、サリンを散布し、乗客、駅員ら13人が死亡、６３００人が負傷するという未曾有（みぞう）のテロ事件が起きた。こうした宗教団体による犯罪を未然に防ぐことが目的であったが、新進党が7月の参院選で議席を大幅に増やすと、法改正の真の狙い

は旧公明党と創価学会にダメージを与えることへと一気に変化した。

さらに、翌１９９６（平成８）年1月に自民党の橋本龍太郎が首相に就任すると、反旧公明党・創価学会運動の急先鋒である加藤紘一が幹事長となり、自民党は党と内閣が一丸となり攻撃態勢を整えた。

「自由新報」においては、１９９４（平成６）年7月から11月まで15回にわたり、「公明党＝創価学会の野望」というタイトルの記事が掲載された。毎回、公明党・創価学会、そして名誉会長である池田を、手を替え品を替え執拗に攻撃し続けているのである。

宗教法人法の改正は、１９９５（平成７）年11月の衆議院特別委員会で審議され、11月13日に衆議院本会議で可決された。

さらに自民党は、池田の参考人招致を要求したのである。だが、池田が国会招致されれば、自民党議員たちの追及にさらされることは必至である。その模様がテレビを通じて全国に放映されれば、そのダメージは計り知れない。創価学会としては池田の国会招致はなんとしても回避しなければならないことだった。

池田の招致問題を協議するために、11月28日夜、参議院宗教法人特別委員会の理事懇談会が開かれた。採決に入る段になり、突然、新進党の国会議員や秘書たち約300人が採決阻止を図るために委員長室前の廊下を占拠した。委員長と各党の理事を5時間にわたって閉じ込めたのだ。この騒ぎをテレビなどが報道、〝暴力的〟として強く批判した。

その後の与野党協議で、池田の招致を見送る代わりに、会長の秋谷栄之助をはじめ6人を参考人として呼ぶことになった。

秋谷は冒頭意見陳述の中で、「(今回の法『改正』の)背景にあるのは次期総選挙対策であり、対立政党の支持団体を攻撃しようという党利党略である」と強く批判した。また「改正」案に反対する理由として、戦前の宗教団体法、治安維持法によって弾圧を受けた創価学会の歴史を踏まえた上で、「改正」案は現行宗教法人法を変質させ、宗教団体の国家管理を狙う意図が隠されていると指摘した。

自民党、共産党の委員たちは、創価学会による旧公明党への選挙支援活動が違法であるとのイメージを強めようとしたようだが、その思惑は成功しなかった。

憲法が定める「政教分離」原則は、宗教団体の政治活動を禁止するということではなく、国家が特定の宗教団体に介入することを禁じるものである。1999(平成

11）年7月15日、大森政輔内閣法制局長官が国会答弁で「憲法の政教分離の原則とは、信教の自由の保障を実質的なものとするため、国及びその機関が国権行使の場面において宗教に介入し、または関与することを排除する趣旨である。それを超えて、宗教団体が政治的活動をすることをも排除している趣旨ではない」と発言していることからも、それは証明されている。つまり、憲法が規制対象としているのは「国家権力」の側であり、創価学会という支持団体が公明党という政党を支援することは、憲法違反にならないということだ。

さらに、憲法20条で「いかなる宗教団体も国から特権を受け、又は政治上の権力を行使してはならない」と規定されているが、ここでいう「特権」「政治上の権力」とは、憲法学の通説では「統治的権力」を指すとされ、課税権、裁判権のような西洋中世の教会権力を想定しているとされる。

そもそもアメリカの大統領は就任の際、聖書に手を置いて宣誓するし、ドイツのメルケル政権はキリスト教民主同盟が与党であり、キリスト教という宗教勢力の支持を受けている。当時の村山内閣と自民党の流れでいえば、これらも非難されてしかるべきであろう。

攻撃から接近へ、自民党の豹変

次に自民党は、「政教分離法案」と「宗教基本法案」という新しい法案を打ち出してきた。

だが、いずれの法案も憲法の定めた信教の自由や結社の自由などに抵触しかねず、これらは実はブラフ（脅し）であり、本気で成立させるつもりはなかった。旧公明党・創価学会をゆさぶり、さらに新進党内を混乱させ、分断させることが目的だったのである。

こうして迎えた1996（平成8）年10月の衆議院選挙で、自民党は過半数にはわずかに届かなかったものの、前回から復調した。この要因の一つが新進党内の足並みの乱れ、つまり旧公明党勢力のやる気のなさにあったことは明らかだ。1997（平成9）年12月、新進党は解党した。

一方、継続してきた自民・社会・新党さきがけ連立政権は、先の衆議院選挙後、社民党（1996年1月に社会党から改称）と、新党さきがけは閣外協力に転じた。そのために、自民党は衆議院ではこうした〝与党勢力〟によってどうにか過半数を維持していたが、参議院では過半数を大きく割り込んでしまった。

こうした動きのなかで、自民党は突然、旧公明党・創価学会への態度を180度変化させるのである。どうやら自民党は社民党の連立離脱を想定し、新たな連立相手として公明党に白羽の矢を立てたようだ。まず、これまで攻撃してきたことへの反省の意を示す。

1998（平成10）年4月28日、なんと自民党の機関紙「自由新報」が、創価学会に対する謝罪記事を掲載した。それまで旧公明党・創価学会に対する攻撃を連載し続けた「自由新報」が、である。

実は、創価学会はこれに先立つ4月13日、これまで「自由新報」に掲載された記事は「池田名誉会長の名誉と人権を著しく傷つける」と自民党に厳重抗議していたのである。それに対し自民党は、学会からの抗議を全面的に受け入れ、調査不十分のまま一方の当事者のみの意見を採用し、さらにその内容を容認する形で記事を掲載したことに対し、謝罪の意を掲載したのだ。

創価学会は「自由新報」の連載記事に対して強く反発し続けてきたが、自民党に正式に抗議をしたのは、この4月13日が初めてのことだった。そのわずか4日後、自民党は「自由新報」への謝罪文の掲載を決定し、創価学会側に伝えている。また自民党総裁の橋本龍太郎首相も創価学会本部に対し、電話で謝罪したという。それまで放置されていた抗議と謝罪が突然ここまで段取りよく進むことは、普通はまずあり得ない。当然ながら、それ以前に双方の裏交渉が行なわれていたはずである。いずれにせよ、この謝罪によって創価学会と自民党の間に横たわっていた大きな障害は、取り除かれたのである。

この創価学会への自民党からの接近に対しては、謝罪文掲載直後の5月に行なわれた四月会の総会で、これまで自民党と行動をともにしていた反創価学会系の宗教団体などからも強い批判が巻き起こった。しかし、この総会に出席する自民党議員は激減した。こうして四月会は自民党の豹変で存在意義を喪失し、空中分解するように2001（平成13）年に解散に追い込まれるのである。

なお、その後、7月に行なわれた参議院選挙で、自民党は改選議員61に対して45議席しか獲得できずに惨敗、橋本首相は退陣した。

この時期は、三洋証券、北海道拓殖銀行、そして山一證券が経営破綻を迎えるなど、

自自公連立政権に向け政策合意文書に署名する
（前列左から）小沢一郎、小渕恵三、神崎武法の各党首（1999年10月）

未曾有の金融危機に突入しており、バブル崩壊後の不良債権問題が大きくクローズアップされていた。そのため、橋本内閣を引き継いだ小渕恵三内閣の最大課題は経済再生と金融システムの安定化であった。

一方、新進党結成の際、分党していた旧公明党勢力は1998（平成10）年11月に合流、「新公明党」となり、代表には神崎武法が就任した。神崎は東京大学在学中に司法試験に合格し検察官となり、1983（昭和58）年に衆議院議員となっていた。

8月15日の夕刻、官房長官に就いていた野中広務は、国会対策委員長の古賀誠、前幹事長の加藤紘一の3人で協議を行ない、旧公明党勢力に連立政権を働きかけ、ねじれ国会の解決を試みることを確認した。

古賀は公明党の冬柴鐵三幹事長を説得したが、冬柴は「いきなり自民党と一緒に政権をつくるのは無理だ。連立政権をつくるには、まず自由党という座布団を間においてほしい」と求めた。

冬柴の要請を受け、野中はただちに動き出す。自由党の代表を務めていた小沢と会談し、連立政権を働きかけたのだ。

かつて野中は小沢批判の急先鋒で、小沢を「悪魔」と呼んだことさえある。その野中が、新聞のインタビューに答える形で、ひれ伏してでも国会の審議に協力していただきたいと発言。その言葉どおり、必死に小沢を説得した。

これを野中の柔軟性と捉えるべきか、あるいは底知れぬ怖さと捉えるべきか。その野中が神崎、冬柴を説得して、１９９９（平成11）年10月５日に自民・自由・公明３党の自自公連立内閣が発足することになった。それにしても自民党を腐敗政党として激しく批判してきた公明党が自民党と連立することになったのは、明らかに豹変であり、私には納得し難い。

自自公連立へ踏み出す

自自公連立の経緯について、改めて元公明党代表の神崎に問うてみた。

それまで自民党は公明党を目のかたきにし、さんざん攻撃してきた。なのに「自由新報」へ謝罪記事を掲載したぐらいで、水に流せるはずはない。国民の多くが豹変と受け取るはずだ。それでも連立に踏み切ったのは、どのような理由があったのか。

「連立に対しては、公明党の内部でも反対の声はありました。当然、世論の批判もあるだろうと思いましたが、それはある程度覚悟の上でした。当時、金融危機の真っただ中にありましたので、これをなんとか回復させ、政治を安定させる必要があった。そのためには公明党が行動すべきだと思ったのです」

神崎は自自公連立への決意をこう語ったが、政党運営にはある程度の妥協はやむを得ないのか。政党運営の難しさを改めて感じた。

一方、地方議会に目をやれば、例えば都議会では1979（昭和54）年、自民・公明両党の推薦で鈴木俊一都知事が誕生したことをきっかけに、自公連携が行なわれていた。その地方議会における自公連携の動きが、国政でもスタートすることになったということか。

1999(平成11)年7月7日、国会内で小渕首相と神崎による自公党首会談が行なわれた。これを受けて、神崎は党内調整に入る。創価学会からは、党大会で十分に議論することを前提に、党の判断を尊重するとの回答を得たのち、常任役員会、中央幹事会を経て閣内協力に向けて動き出す。

7月24日、公明党の第2回臨時党大会が開催され、挨拶に立った神崎は、連立政権に参画し、閣内協力に踏み込むことを表明した。未曾有の難局を乗り切るためには政治の安定がなにより大事であり、政権協議が整えば連立政権に参画し、内閣の一員としてその責任を共有すべきであると述べたのだ。

しかし、こうした表向きの大義名分に対して党内からは異論が噴出。それは当然であった。これまで公明党の国政でのスタンスは、一貫して反自民・非自民だったからで、自民党の金権腐敗体質が改まったとは思えないからだ。これまで「軸足は野党」と主張し続けてきたはずの公明党が、自民党と連立を組むことはあまりに唐突すぎる。閣外協力にとどめるべきではなかったのか。そもそも、議席数の少ない公明党が連立与党内で主体性を発揮できるのか……。党員、支持者からも懸念の声は尽きなかった。

また、5年前に自民・社会・新党さきがけの3党による連立政権が発足したが、その後の選挙で社会党が惨敗、議席数を5分の1に減らして少数政党に転落したことから、公明党も与党に入っても早晩、その二の舞になるのではないかとの懸念を寄せる者もいた。

そうした声に対し神崎は、すでに自民党単独では政権運営ができなくなり、連立の時代を担ってきた公明党がその任務を遂行するのだと、党大会で宣言したのだ。当時を振り返り、神崎は次のように述べた。

「連立を組むなら、まずは閣外協力から始めるべきだという意見もありました。でもそれじゃあ逃げ道をつくっておくようなもの。やるからには、全責任を負うぐらいの覚悟を持つべきですし、それでなければ意味がないと。それに、与党になれば、公明党の考えている政策を実現することができると思ったのです。当時は自民党と民主党という、二大勢力がありました。どちらが政権政党として現実的かというと、やはり自民党なのです。民主党は政権政党の経験はありませんから、政治を安定させることができるのは自民党であると。そうしたメリットを考え、自民党と組んだというわけです」

さらに、政権参画時、創価学会会長であった秋谷にも質問をぶつけてみる。自公連立とは、つまり公明党が自民党に取り込まれたことを意味するのではないかという私の問いに対し、彼は「それは違います。私は自公連立が悪いこととは思いません」と答えた。

「日本の政治のあり方というものを私なりに考えた場合、やっぱり一番安定するのは保守・中道。保守だけでは成り立たないし、墜落する恐れもある。やっぱり保守・中道というものがあって、バランスのとれた、一番安定した政治が行なわれるのではないでしょうか」

国政安定のため、あえて世論から批判を受けることの多い政権与党という〝火中の栗〟を拾うというのだ。ただ、一党支配と呼ばれた自民党による単独政権時代が終わりを告げつつある趨勢（すうせい）のなかで、今後の日本の発展を考えれば、なによりも大切なのは政治の安定だというのも事実だろう。はっきり言えば私は、公明党には右極化する自民党にブレーキをかけるハト派の役割を期待している。

１９９８（平成10）年10月12日、小渕内閣は、旧公明党そして小沢一郎の自由党などの案をいわゆる〝丸のみ〟するかたちで「金融再生法」を成立させ、16日には旧公明党の修正要求を自民党が全面的に取り入れることで「金融早期健全化法」を成立させた。

神崎が述べた「金融危機からの回復」への道筋が見えてきたのである。

しかしその後、小沢の自民党への要求は徐々にエスカレートする。小渕首相と会談し、自民党と自由党を解党して新たな保守政党をつくるよう求めたのだ。自民党としては公明党の票を手に入れるために自由党と連立したのであり、小沢の求めに応じることはできなかった。しかし、小沢は解党しないならば離脱すると執拗に小渕を責め続けた。激しいやり取りが繰り広げられるものの合意には至らず、自由党は連立を解消することとなった。心労がたたった小渕は脳梗塞で倒れて、その1カ月余り後に亡くなった。

その後、自自公から自公保を経て自民・公明2党の自公連立となったのである。

だが、自公連立に対する世論やマスメディアの評価は厳しかった。

「党略が前面に出すぎている。連立の基盤となる政策合意は後回しだ」（朝日新聞）

「これまでの方針を転換したことの分かりにくさと、『政策の論理』が『数の論理』にのみ込まれるのではないか、という疑問が、世論の冷たさの背景にある」（毎日新聞）

「公明党には、揺れてきた政治路線の総括を含め、国民向けにもっとわかりやすい説明がほしい」（読売新聞）

自民・公明両党がいくら連立を正当化する理屈をつくっても、国民の目には党利党略による数合わせの政権としか映らなかったのだ。

公明党幹部が語る自自公連立の裏側

自公連立政権は公明党にとっては、与党としての責任が重くのしかかることでもあった。そのことは前回の細川連立政権の失敗で党執行部も痛いほど理解していた。連立参加を決定した１９９９（平成11）年７月の臨時党大会で、神崎は次のように決意を語った。

「もはや自民党一党では（参議院で）過半数を制することができず、日本の政治は本格的な『連立の時代』へ確実に向かっております。（中略）公明党は責任政党としての政治的リーダーシップを発揮するため、連立政権参加の選択をするべきであると考えます」

こうして与党に入った公明党は、政策面において判断が問われる場面が増えてくる。特に第2次安倍政権になると、安倍首相の持論である憲法改正や安全保障面という、国の根幹にかかわる政策判断が増え、公明党の党是ともいえる平和主義が問われることになった。自民党との連立や平和主義について、党三役の一人である公明党幹事長の井上義久に、ズバリ問うた。

公明党は庶民の党だと謳っていた。それが自民党と連立したことで、多くの国民が強い違和感を覚えている。はっきり言えば、自民党に取り込まれたと捉えているようだ。

「そんなことはありません。我々は、恒久平和主義、基本的人権の尊重、国民主権、これは堅持しています。もちろん憲法9条の理念も変えません」

そうは言うが、創価学会は「自由新報」で繰り返しボロクソに叩かれていた。自民党が立ち上げた「四月会」は、実は「死学会」だと揶揄されてもいる。そんな党と連立するなんて、通常の神経ならば考えられないのだが。

「その創価学会攻撃という点については、野中広務氏が何度も詫び、加藤紘一氏も、橋本龍太郎、小渕恵三の両首相も謝罪をしました。実を言えば、『攻撃のために心にもないことを言っていたのだ』と、本音を打ち明けてくれたのです。状況が悪くなれば、また攻撃されるかもしれないという危惧もあります。しかし、はっきり言って、連立を組んだことで、公明党が自民党を変えたと思います。たとえば、自民党には絶対できなかった、政治家個人に対する企業・団体献金の禁止も決めました。そして、自民党が先送りにしてきた持続可能な年金制度の抜本改革も断行しました。これは多くの新聞やテレビで、『公明党の英断』だと評価されています」

だが、小泉内閣になり、公明党が強く反対していたはずの靖国神社参拝を小泉純一郎首相は毎年繰り返した。中国や韓国から強く批判されながら行なうことについては、どう考えるのか。

「わが党としては総理や閣僚の立場で参拝することには反対で、だから小泉首相の参拝のたびに神崎代表が『大変遺憾で、自粛すべきだ』と強く抗議しています。小泉首相は、我々に、『自分は、心ならずも戦場に赴いて亡くなられた300万以上の方に哀悼の誠をささげているのだ。不戦の誓いのために靖国に行くのであって、A級戦犯なんて関係ない。A級戦犯はA級戦犯、戦争責任者だ』と言っているのです。昭和の戦争が侵略戦争だとも言っています。この辺は我々と考えは同じです。それにイラク戦争のときも、イラクの復旧、復興を支援するために自衛隊を派遣するのは、あくまでも戦争後で非戦闘地域だということを法律にはっきり打ち出しています。

さらに、教育基本法の改正原案でも、『愛国心』を強く打ち出した原案を『伝統と文化を尊重し、それらをはぐくんできた我が国と郷土を愛する』との表現にしました。小泉首相の跡を継いだ安倍晋三首相は、『戦後レジームからの脱却』というキャッチフレーズを掲げました。憲法の全面改正、集団的自衛権行使の容認など、いずれも我々は反対・慎重論です」

彼は強い口調でこう言った。

しかし、小泉首相は自衛隊を非戦闘地域に派遣するのだと強調したが、戦闘地域と非戦闘地域の区別などなかったことが判明している。それに安倍内閣では、集団的自衛権行使の限定的容認を柱とした安保関連法案を強引に通した。これに対して、朝日新聞の調査によると、野党はもちろん、憲法学者１２２人のうち、１０４人が憲法違反と断定しているという。特に集団的自衛権の行使については、自民党政府が過去に繰り返し、憲法上許容されているわけではないと表明していた。公明党はこれを止められなかったのではないか。

「その集団的自衛権ですが、安倍首相としては当初、いわゆるフルスペック、つまりアメリカが武力攻撃された場合には、日本は集団的自衛権を行使する、というかたちにしたかったのだと思いますが、それには公明党が断固反対しました。自民党のフルスペックの集団的自衛権の行使に、公明党は反対し続けて、自民党はやむを得ず、じわじわと妥協を重ねました。我々としては、憲法に抵触するようなかたちは絶対に認められないと主張し続けて、その結果が新三要件となったのです」

新三要件は、次の3項目から成り立っている。

① 我が国と密接な関係にある他国に対する武力攻撃が発生し、これにより我が国の存立が脅かされ、国民の生命、自由及び幸福追求の権利が根底から覆される明白な危険があること

② これを排除し、我が国の存立を全うし、国民を守るために他に適当な手段がないこと

③ 必要最小限度の実力行使にとどまること

「私は、率直に言って、これは個別的自衛権の範疇で、憲法違反ではないと捉えています。我が国の存立が脅かされ、国民の生命、自由及び幸福追求の権利が根底から覆される明白な危険がある場合に限ってのことです。公明党としては、これは実質的に個別的自衛権の範疇である。そう判断した。だから合意したわけです」

実は、安倍首相に集団的自衛権の行使容認を進言した保守派の論客による「安全保障の法的基盤の再構築に関する懇談会（安保法制懇）」のメンバーたちは、新三要件に強い不満を抱いているのである。なぜなら新三要件が、彼らが考えていたような集団的自衛権の全面的行使というかたちとは大きく異なっていたからである。部分行使に限定したのは公明党の頑張りなのである。公明党は自民党に取り込まれたのではない。連立を組むことで、自民党を変えたということなのか。そうした私の問いに、彼は「ええ、そうです」としっかりした口調で答えた。

井上が語ったように、集団的自衛権に関しては公明党が反対の姿勢を貫いたため、新三要件の成立に至ったのであろう。そして、自民党の集団的自衛権の行使容認を主張してきた議員たちが部分行使に反対しているのである。

私はテレビ番組などで公明党の山口那津男代表に会う機会が多い。会うたび彼には、

「ハト派を代表して自民党のブレーキ役になってほしい」と伝えている。

「それこそが本来の中道派の役目だと思います」

山口は力強くうなずいた。

公明党が目指す国家像

1999（平成11）年、公明党が小渕内閣の連立のパートナーとなり、それは森内閣（2000〈平成12〉年4月～2001〈平成13〉年4月）、小泉内閣（2001〈平成13〉年4月～2006〈平成18〉年9月）、第1次安倍内閣（2006〈平成18〉年9月～2007〈平成19〉年9月）、福田内閣（2007〈平成19〉年9月～2008〈平成20〉年9月）、麻生内閣（2008〈平成20〉年9月～2009〈平成21〉年9月）と続く。2009（平成21）年9月に自民党が下野するまで、実に10年間にわたり政権与党として政治の中枢を担っている。2012（平成24）年12月に第2次安倍内閣が発足してからは、再び自民党と連立を組み、政権与党についた。

しかし、結党当初から「庶民の党」を謳ってきた公明党が、権力政党と連立するこ

連立政権発足合意文書の署名を終え、握手する安倍晋三自民党総裁（中央右）と山口那津男公明党代表（中央左）（2012年12月）

とは矛盾ではないのか。再び井上に問うた。

「私自身は取り込まれたとは思っていません。むしろ、ある意味、自民党を変えてきたと思っています。例えば、安全保障関連法案もそうですし、社会保障についても、公明党はある一定の結果を出しています。それと政権運営についても発言権を行使しています。公明党がOKしませんと、いろいろな政策が決まりません。公明党は地方議員も含めたネットワークがしっかりしていますので、庶民の声というものが中央に集まってきます。そうした点から、公明党は政権運営において国民的なコンセンサスをとるための大きな役割を果たしているのではないでしょうか。自民党だけで決定することは、少々乱暴だという見方をしている人も多いようですが、公明党がいることで、国民の声を反映した政権運営ができているのではないかと思います」

公明党が政権与党についたことに対し、世間では批判的な意見もあるようだが、公明党、さらに創価学会内では、むしろこれは新たなチャレンジであり、同時に健全な政権運営のための使命とも受け止めているようだ。

井上が語るとおり、安全保障関連法案をめぐる議論においては、公明党の果たした役割は大きいと私は思っている。さらに、憲法改正に関しても公明党の存在感は増しているようだ。井上が続ける。

「公明党としては、現行憲法は優れたものであると評価しています。特に憲法三原理といわれている国民主権、基本的人権の尊重、平和主義は、将来にわたって堅持すべきものだと思っています。ただし、憲法は時代の変化に即して変えていく、補っていくことも必要で、その点を改正する、つまり、『加憲』もあるのではないかというのが公明党の基本的なスタンスです。我々が主張している加憲というものが、きわめて現実的な流れになってきていると感じていますし、自民党も同じ方向で動いているのではないでしょうか」

しかし、2017（平成29）年5月3日、安倍首相は民間団体が主催する憲法改正フォーラムにおいて、憲法第9条について「9条1項、2項を残しつつ、自衛隊を明文で書き込むことにより自衛隊の存在を憲法上明確にしたい」というメッセージを寄せた。これは公明党の改正案ではないのかと、政府関係者の中にも動揺が走った。

実は私は、安倍首相本人から内々にこの改正案について聞かされていた。憲法改正に関する私の意見を聞きたいとの申し出を受け、彼と一対一で話をしたのだ。その席で、「いよいよ憲法改正ですね」という私の問いかけに対し、安倍首相は「憲法改正はしません。ただし、憲法学者の7割近くが自衛隊は憲法違反だと言っているので、憲法第9条の第3項に、自衛隊を認めると明記することはやろうと思っています」と答えた。実は安倍首相は、憲法第9条第2項を削除した体制をふまえて考えているのだが、憲法第9条第1項、第2項に触れることを公明党が断固として反対しているために、それができないのである。

山口は、私に第9条に触れるような憲法改正は認めないと言った。いわば、自民党のブレーキ役を演じているのである。公明党がこの姿勢で頑張るかぎり、私は公明党を支持する。

自民党との連立について、創価学会会長の原田稔は２０１６（平成28）年9月の朝日新聞のインタビューに対し、次のように述べている。

――安倍首相は憲法改正に積極的な日本会議と親和性があり、復古主義的だとも指摘されています。学会とは本来、相容れないのではないですか。

「そのあたりはあまり心配していません。改憲運動を進める動きはありますが、憲法改正についても安倍首相は現実的に、賢明に判断なさるだろうと思いますよ。ただ、日本国憲法の3原則（国民主権、基本的人権の尊重、平和主義）は永遠に堅持すべきです。9条は、いま、ただちにどうこうする必要はないでしょう」

――とは言え、安倍首相の政権運営は強気です。現実政治に流されブレーキが弱まる心配はありませんか。

「私たちは、極端な原理主義と現実への妥協主義のどちらにも走らず、中庸・中道を進もうとしている。宗教的な理想はいささかも揺るがず、社会変革に挑戦していると理解していただけるとありがたい」（朝日新聞　２０１６年9月22日付）

原田は、仏法の中庸・中道主義の観点から理想と現実のバランスをとりながら進んでいくことを表明している。

創価学会の原動力、婦人部の平和を愛する心

２０１４（平成26）年、平和安全法制の論議が始まると、憲法の平和主義をめぐって国民議論が沸騰したが、そこで特に注目されたのが公明党の支持団体・創価学会の平和に対する考えであった。創価学会の平和への思いは生命尊厳に基づいており、これを語る上で欠かせないのが創価学会の婦人部の存在だ。

創価学会の基盤を支えているのは婦人部、とくに中高年の女性たちだといわれている。創価学会の活動の基本は勤行・唱題であるが、聞くところによると、婦人部が一番熱心に唱題を行なうそうだ。婦人部総主事の坂口幾代によれば、普段の回数はさまざまだが、悩みを乗り越えようと2時間、3時間とあげるときもあるという。

「『信仰とは無限の希望なり』という言葉があるのですが、お題目をあげると勇気が湧いて、希望が持てるようになります。過去に引きずられるよりも、前を向いて生きましょうというエネルギーが湧いてくるのです。婦人部の皆さんは、日々それを実践しているので元気ですね」

さらに、「折伏弘教（教えを広めること・筆者註）から選挙の支援まで、婦人部は強力な部隊です」と笑顔で胸を張るように、彼女たちのエネルギーは創価学会のあらゆる活動において発揮される。

その中で、彼女たちが最も力を注ぐのが、選挙支援といえるだろう。ひとたび選挙が始まれば、婦人部の会員たちは公明党に一票でも多くの票が集まるよう奔走する。なぜ彼女たちがそれほど選挙支援に熱心になるのか。そこには真に平和を願う心が存在しているからだ。それは生命を慈しむ母性原理と言い換えることもできるかもしれない。

競争や強権を旨とする男性原理だけでは、真の平和は訪れない。他者への慈愛は母性原理であり、それが社会に広がれば真の平和創造につながるという信念が婦人部にはある。婦人部が創価学会のあらゆる活動の担い手として立ち上がっているのも、池田の信念が実は婦人部の思いと重なっていると実感しているからだろう。

歴代総理と池田の絆

私は先に紹介した宮沢喜一など首相経験者をはじめ、数多くの政治家に直接会って考えを聞いてきた。実は池田も、会長時代から歴代総理など政治家と数多く親交を重ねてきたのであるが、そのことはあまり知られていない。当時は公明党が野党の時代であったわけで、彼は創価学会の責任者として独自の人脈を駆使して日本の実力者と渡り合い、創価学会の舵取りをしていたのである。

池田の著作で紹介された政治家だけでも、佐藤栄作元首相、福田赳夫（たけお）元首相、河野一郎元農水相、安倍晋太郎元外相、大平正芳（おおひらまさよし）元首相などが挙げられる。なかでも親交が深かった首相経験者は佐藤栄作と福田赳夫である。佐藤と池田は家族ぐるみのつきあいだったようで、夫妻同士で食事をする仲だったという。特に佐藤がノーベル平和賞を受賞した際のエピソードは興味深い。

１９７４（昭和49）年12月、ノーベル平和賞を受賞した佐藤は、ノルウェーでの授賞式から帰国の途次、ソビエト連邦（当時）経由の飛行機に乗り込んだ。途中、トランジットでモスクワに立ち寄った佐藤は、そこでソ連側から思わぬ歓待を受ける。

「冷戦中にもかかわらず、なぜ西側体制の日本の自分をこれほど手厚く歓待してくれるのか」

不思議に思った佐藤にソ連の指導者は、少し前にモスクワを訪れた日本のある指導者からアドバイスをされたと教えてくれた。「ソ連は日本では怖い国だと恐れられている。その誤解を解くためにも、もっと皆さんの国は考え方の違うリーダーともつきあうべきだ」と、その指導者は助言したという。その人物こそが池田だったのだ。

佐藤がモスクワに立ち寄る3カ月前の同年9月、池田はモスクワ大学の招聘を受け、初めてソ連を訪問した。この訪ソに対しては、国内外から批判の声が上がったという。「宗教者がなぜ、宗教否定の国へ行くのか」と。すると池田は、「そこに人間がいるからです」と答えたという。体制のいかんを超えて対話の波を起こしていくという信念のもと、現地ではモスクワ大学の学生と語らい、コスイギン首相（当時）とも会見した。誰に対しても自然に心を開く、そんな池田の気取りのない姿勢が、温もりあふれる交流を実現。そして相手のためになることは耳の痛いことでも率直に助言する。その池田の対話精神は遠く離れたソ連でも、人々の心にしっかり受け継がれていたのだ。

福田赳夫とは歴代総理の中では最も多い、十数回に及ぶ会談をしたという。福田は一般的にタカ派政治家と認識され、池田との知己は少々意外な感じがするが、互いの庶民的な生い立ちや、日本の進路やアジア各国への思いなど、考え方に共通点が多いことから、肝胆相照らす仲となり、個人的な親睦を深めていったようだ。こうした池田の会談は、公明党の政治スタンスとは別次元で行なわれていたと聞く。あくまでも創価学会の会長という立場で相手に創価学会の考えを説明し、創価学会が日本や世界について真面目に考えている団体であることを理解させていったようだ。

私も数多くのリーダーと会ってきたが、池田の国内外のリーダーとの会談記録を追っていくと、その分野の広さといい、こなしてきた人物の数といい、他の追随を許さないほどの質と量に圧倒される。創価学会の活動のすべてを先頭に立って切り開いてきたのが池田だという感を深くする。

〈解説〉

政教分離

憲法20条には「政教分離の原則」について、次のように規定されている。
「信教の自由は、何人に対してもこれを保障する。いかなる宗教団体も、国から特権を受け、又は政治上の権力を行使してはならない」

この意味するところは、国民の「信教の自由」を保障するため、国が宗教的中立性を保ち、特定の宗教に特権を与えてはならないということである。「国家」の「宗教」への介入を排除し、「信教の自由」を確立するためのものであり、決して宗教団体や宗教者の政治活動を制限するという意味ではない。宗教団体による政治活動は、憲法に保障された権利であり、それは次のような歴代内閣法制局長官の国会答弁でも一貫している。

「宗教団体と国政を担当する者は別個の存在であるので、違憲問題は生じない」
（1995年11月、大出峻郎長官の国会答弁）
「政教分離の原則と申しますのは、信教の自由の保障を実質的なものとするため、国及びその機関が国権行使の場面において宗教に介入しまたは関与することを排除する趣旨である（中略）宗教団体が政治的活動をすることをも排除している趣旨ではない」（1999年7月、大森政輔長官の国会答弁）

かつて創価学会と公明党との関係において、いわゆる「政教一致批判」が巻き起こったこともあるが、先の憲法解釈に照らし合わせれば、両者の関係は支持団体と政党にすぎず、憲法上なんら問題はないということが通説である。また1970（昭和45）年に池田は「政教分離宣言」を行なうが、これは憲法上の政教分離を意味しているものではなく、両者の役割を明確にするため、機構上の分離を表現した言葉であるといえる。

平和思想を支える母性原理

池田はあらゆる会合のスピーチや著作をとおし、婦人部への感謝と賛嘆を表現している。そこから、池田の平和思想の根底に女性原理、母性原理が存在することが見てとれる。その思いが結実した作品に、「母」と題する長編詩がある。この詩は合唱曲用に短くアレンジされ、婦人部員に長く愛唱されている。

この詩の中で池田が訴えようとしているのは、人類史の中で長きにわたり女性は虐げられ、その悲しい歴史を幸福に転換しなければ真の平和社会は訪れないということである。無名の母の幸福と勝利こそ、人類が目指すべき社会である、それがこの詩のテーマである。そして池田は時代転換のカギも女性にあると見ているようだ。母性とは別名、慈悲であって、それは仏法の根本理念である。

テロと宗教

現在、創価学会は世界192カ国・地域に展開しており、テロの恐怖が世界を覆うなか、宗教者はいかに向き合うべきかという問題に直面している。

2001（平成13）年9月11日にアメリカを襲った同時多発テロは、宗教間の憎悪と対立の根深さを世界に見せつけた。以来、多くの心ある宗教者が人類の悲劇と憎しみの連鎖をどう断ち切るべきかについて悩んでいる。池田は同時多発テロの直後、アメリカの出版社の求めに応じて追悼文集『灰の中から――米国へのテロ攻撃に応える心の声』（ロデール社）に、当時のローマ法王ヨハネ・パウロ2世をはじめ、仏教、キリスト教、イスラム教、ユダヤ教、ヒンズー教など世界各国の宗教指導者ら70名とともに所感を寄せた。そこには池田のテロに対する考えが端的に示されている。

池田は、「テロは、どんな大義や主張を掲げようとも、絶対悪」であり、「宗教の名においてテロが行なわれたとしたら、それは〝宗教の自殺行為〟」であると訴えた。そして「軍事力などのハード・パワーによる解決は、その本質的な問題解決にはつながらない」として、「人間にそなわる善性を信じ、そこに呼びかけ、働きかけていく『文明間の対話』という地道な精神的営為を、あらゆるレベルで重層的に進めていくことが肝要」と呼びかけた。なぜなら「『対話』には、不信や憎悪で分断された心の壁を打ち破る力がある」からだというのだ。

また池田は、これまで核問題やテロリズム、環境問題など地球的問題群解決のための仏法の視点からのアプローチを平和提言として毎年発表してきた。

創価学会の平和思想

2007（平成19）年11月に封切られ話題になった「マイティ・ハート　愛と絆」（監督・マイケル・ウィンターボトム／第60回カンヌ映画祭特別招待作品）

という映画がある。2002(平成14)年にパキスタンでイスラム過激分子に誘拐され、殺害された米国の経済紙「ウォールストリート・ジャーナル」のダニエル・パール記者の妻マリアンヌ・パールの手記が原作で、これに深い感銘を受けた俳優ブラッド・ピットが製作を担当し、アンジェリーナ・ジョリーが身重の体で愛する夫を懸命に捜索する妻マリアンヌを演じた。

マリアンヌは18歳から創価学会のメンバーであり、創価学会の中で人格を形成してきた。夫をテロリストに奪われるという人生最大の悲劇を、彼女はいかに乗り越えていったのか。彼女の心の遍歴は、戦争やテロに直面した人間は、どうすればその絶望を乗り越えられるのかという重いテーマを問いかけている。映画の原作となった著書の中に次のような言葉がある。

「この悲しみに負けたら私は魂を失ったことになります。犯人たちを憎めば、夫と私を恐怖に陥れ、屈服させ、無力にしようとする彼らの思う壺(つぼ)です。犯人を憎み、不幸をもたらした社会を恨み、人生を嘆くことのほうが本当は簡単なのに……。でも私は、父親の顔を見ることのなかった息子を幸せにさせるために、この戦いに勝利しようと決めたのです」

最愛の夫を殺された悲しみと憎しみを克服することは困難に違いない。しかし、恐怖と憎しみの感情に支配されれば、結果としてテロリストに敗北したことになると彼女は言う。「マイティ・ハート（不屈の心）」というタイトルは、苦難に打ち克つ仏法の強い生き方を表現した言葉のようだ。彼女の生き様は世界中に感動を広げた。

創価学会の平和思想は日本国内にとどまらず、世界へ広がりはじめているようだ。

第8章　世界宗教への道程と挑戦

海外布教へ踏み出す

ここまで、創価学会の歩みについて主に日本国内の事象を中心に見てきた。ここで創価学会の政治進出と並ぶ特徴の一つ、世界への展開について見ておこう。のちに触れるように、以前から創価学会は世界に仏法を広めることを目的としていた。しかし、私はいくら創価学会が日本国内で大きくなったからと言って、世界の壁は正直、非常に厚いだろうと思っていた。

創価学会が拠って立つ宗教は、日蓮の教えだ。それも封建時代の歴史的背景を色濃く持つ純日本宗教である。経典も題目も漢字で書かれており、漢字文化に馴染みのない西欧諸国を中心に受け入れられるハードルは高いだろうし、組織も草創期から軍隊的と呼ばれる典型的な集団主義を採っており、個人主義の欧米社会からの抵抗感は相当なものと思われた。

それでも創価学会は、戦後、成長する途上の早い時期から海外布教を志向していた。『新・人間革命』の第1巻は1960（昭和35）年、山本伸一、つまり池田大作がハワイへと布教の旅に出発する場面から始まる。

海外への布教は、第2代会長・戸田城聖が存命中からアジア、つまり東洋広布の構想を常に語っていた。また、小説『人間革命』に紹介される1957（昭和32）年、死の床にあったときに見た、メキシコに行った夢のエピソードは戸田の世界広宣流布の展望を物語っている。

「『待っていた、みんな待っていたよ。日蓮大聖人の仏法を求めてな。行きたいな、世界へ。広宣流布の旅に……。伸一（池田のこと・筆者註）、世界が相手だ。君の本当の舞台は世界だよ。世界は広いぞ』

伸一は、戸田が布団のなかから差し出した手を、無言で握り締めた。

すると、戸田は、まじまじと伸一の顔を見つめ、力を振り絞るように言った。

『……伸一、生きろ。うんと生きるんだぞ。そして、世界に征くんだ』」

そうした戸田の言葉を受けて、池田は早い時期から精力的に世界をまわり、各国の学会員や政府要人、学識者、宗教人との対話を重ねてきた。創価学会の公式サイトによれば、池田は1960（昭和35）年から1996（平成8）年までの間に54カ国・地域を訪問している。

創価学会インタナショナル（SGI）の発足式
（1975年1月　アメリカ・グアム）

私が初めて池田に会った1973（昭和48）年にも、彼は海外広布の青写真を熱く語っていた。

「経済成長がいずれストップするように、創価学会の会員数も頭打ちになるかもしれない。そうなったら、どうしますか？」

こうした私の問いかけに、池田は「世界があります」と言い切った。しかし私はその話を聞いて、これは相当困難な道に違いないと思った。まず、言葉の違う国々で日本の宗教が受け入れられるのか。仏教に馴染みのない欧米の人々が本尊を拝むなど、とても想像できない。

さらに、アジアには日本の植民地支配による反日感情が今も根強く残っている国も少なくない。「いろいろ問題はあると思いますが、頑張りますよ」と池田は言ったが、そう容易なことではないはずだ。なによりも、かつて創価学会は、他宗はすべて邪教だと言って攻撃した。当然、キリスト教もユダヤ教も邪教のはずである。

私は半信半疑で池田の言葉を受け止めていたが、そうした私の懸念をよそに、この話を聞いた2年後の1975（昭和50）年に創価学会の国際的機構として創価学会インタナショナル（SGI）が発足し、彼は会長に就任した。その後、世界各国に会員を増やし、現在、世界192カ国・地域に広がり、日本以外の国には240万人の会員を擁している（2018年現在）。

なぜキリスト教徒が創価学会に惹かれるのか

では、日本のことも仏教のことも、もちろん日蓮のことも知らない、ヨーロッパやアメリカのキリスト教徒たちが、なぜ創価学会の会員になるのか。創価学会にどんな魅力、吸引力があるのか。そうした私の疑問をSGI総局長の堤誠にぶつけてみた。そのとき彼の手元には、イタリアの創価学会の会員から届いたという手紙があり、その中身を紹介してくれた。

そこには、最愛の母を亡くした女性が題目をあげることで、その悲しみを乗り越え、前向きに生きることを決意するまでの道のりが綴られていた。

堤は、「仏法は、幸不幸の原因は自分の内面にあると説きます。自分を内面から変える、つまり人間革命することが幸せへの道になる。これが、たぶんキリスト教社会であるヨーロッパやアメリカで仏法を語るときのポイントではないでしょうか」と言い添えた。

私が一番聞きたいのがその点である。ヨーロッパ、アメリカのキリスト教徒たちに、日蓮をどのように説明するのか。再び堤に問うた。

「今、アフリカのトーゴで医師をしているイダ・アジェビさんという、フランスで助産師の資格を取得した女性がいます。彼女が、なぜ仏法を信仰するのかについてこんな話をしてくれました。キリスト教の教えでは、自分の人生はすでに定められたもの、つまり宿命であり変えることはできないといいます。しかし、日蓮仏法は、宿命転換ができる、自分で自分の人生を変えられると説いてくれる。しかも、それが自分に与えられた使命だという。ここに魅力を感じて、日蓮仏法を信仰するようになった、このように話しているのです」

堤の話に出てきた「宿命転換」とは、先にも紹介したが、仏法の中核的な教義である。

人間は運命に縛られ、未来を運命付けられた不自由な存在なのではなく、現在の境遇を転換でき、自分の努力によって未来はどのような方向へも自己実現できるのだという。こうした希望のメッセージこそ、宿命転換の教えだというのだ。しかし、ヨーロッパやアメリカの人々が信仰の実感を得ていると聞かされても、にわかには信じがたい。

「ヨーロッパやアメリカのキリスト教信者は、原罪意識にさいなまれる傾向が強いようです。それが、題目をあげると、その罪の意識から解放され、明るくなれる。多くの方がそう言います」と堤は語った。

キリスト教には、神によって創造された人間は皆、原罪を犯したという教えがあり、これが西欧社会の精神構造に深い影響を及ぼしているとされる。これに対して法華経の「願兼於業」という教えは、不幸に直面した人は、仏法の眼から見るならば、それは〝願って不幸な宿業を背負って生まれてきた（願兼於業）〟のであって、それは必ず信仰の力で宿命転換して幸福になることができるというのだ。実際に仏法を実践することで、この願兼於業が心から確信でき、キリスト教の原罪意識から多くの人が解放されているという。

創価学会の会員たちは皆、日本語で題目をあげる。以前、ある学会員が私に「世界中の人が同じ言葉で祈ることができるのは、創価学会だけです」と語ったことがある。世界のどの国、どの地域でも「南無妙法蓮華経」を唱えているというわけだ。これもまた、創価学会が世界中に広がったことの理由の一つだろう。

これまで何人かの学会員にインタビューを行なったが、「題目をあげると勇気が出る、前向きになれる」と誰もが言った。「免疫力が上がる」という声もあったほどだ。

創価学会を支えているのは時代に即した布教活動であると、教学部長の森中理晃は語った。世界各国で日蓮仏法の教えが広がっていったのも、そうした創価学会の柔軟性によるところが大きいのではないだろうか。

それを裏づけるエピソードを主任副会長の谷川佳樹が話してくれた。

「創価学会が目指す世界広宣流布を進めるためには、社会との融和を優先することもあります。これは池田名誉会長が初めてインドに行ったときの話です。インドはヒンズー教が圧倒的多数を占めていますが、そこで名誉会長は『ヒンズーと争うことはしないよ』とおっしゃったのです。宗門が言うように、排他的な姿勢で臨むのではなく、それぞれの国の事情に合わせて、柔軟に対応していく。その姿勢が時代に合ったのではないでしょうか」

しかしその一方で、他宗を邪教とみなし徹底的に排した時代もあった。ときには、他宗の僧侶と激しく議論したこともあると最高指導会議議長の秋谷栄之助は言う。

「我々がまだ青年部にいた頃のことです。戸田先生から『寺に行って議論してみろ』と言われたのです。その意味がよくわからないまま、他宗の寺を訪ね、あれこれ質問してみるのですが、僧侶は何も答えられないわけです」

つまり、相手は僧侶を職業としてしか捉えていない。葬式仏教というわけだ。

「そういうことです。本来、宗教とは人を救うものなのに、そういうことを考えている僧侶には出会えなかった。理屈はいろいろ言いますが、納得できるような説明を与えてくれる僧侶には出会えませんでした。戸田先生はそれを気づかせるために寺に行かせたのです。私は5、6カ寺行きました。こちらはそうした議論をとおし、他宗教の誤りに気づいていますから、どうしても折伏も強い説得になっていた。なんとかして誤った宗教を信じている、あるいは無宗教の人の心を揺さぶらなければと思うあまり、厳しい言葉になっていたかもしれません。結局は自分自身が信仰によってどう変わったか、その体験を語ることが大事だと気づいてからは、折伏も落ちついたと思います」

苦しんだ分、幸せになれると信じて――アメリカSGI

果たして、世界各国の創価学会の会員たちは、入会したことでどのような体験をつかむことができたのだろうか。実際に、それぞれの国の創価学会の幹部会員たちに自身の体験を聞いてみることにした。彼らがどうして創価学会の会員になったのか。会員になることで、それぞれがどのような変化を迎えたのか。日蓮仏法をどのように捉えているのか、できるかぎり具体的に話してもらうことにする。

まずはアメリカSGIで活躍している2人に話を聞いてみよう。

1人目は、アメリカSGIの理事長を務めるアディン・ストラウスである。ユダヤ系ドイツ人の両親とともにアメリカ、ニューヨークで暮らしている。

アメリカSGI理事長 アディン・ストラウス

「私は20代の頃、心の中に大きな不安と、自分は不幸だという気持ちを抱えながら暮らしていました。両親はユダヤ系で、ともにナチスの迫害に遭いました。とりわけ母がひどい迫害を受けたようです。その後、両親はアメリカに渡り、ニューヨークで出会って結婚しました。その直後、母が筋萎縮症という病気を発症したのです。有効な治療法が見つからず、ナチスに迫害を受けた悲惨な経験から、2人とも私が宗教を持つことには反対でした。どんな宗教も許すことはありませんでした」

両親の反対を押し切り入会することは、勇気が要ることだったのではないか。

「大学卒業後、就職し、神戸に転勤になり

まして。そこで何人もの友達ができたのですが、もっともフレンドリーだったのが創価学会の会員でした。創価学会の教えでは、『もっとも苦しんだ人が、もっとも幸せになる権利がある』というと聞き、心を惹かれました。それまで宗教は信じられませんでしたが、その友人は全面的に信頼できたので、信仰してみて損をすることはないだろうと思ったのがきっかけです」

入会に至る決め手は、創価学会の教えではなく、友人の人柄だったということだ。

「日本社会というのは、外国人は自分たちとは違う存在として接することが多く、どうしても孤立させられる状況にあるのですが、創価学会の皆さんは私のことを一人の人間として、本当にフレンドリーに扱ってくれました。池田名誉会長の『人間革命』を読んだときは、いままで読んだどの本よりも大きなインパクトを感じました。全巻、完読しました」

全巻完読したとは驚きである。『人間革命』のどこにそれほどの魅力があったのだろうか。

「池田名誉会長の師匠といわれる戸田城聖第2代会長が投獄され、刑務所の中で悟達し、刑務所から出てきて、創価学会を再建するところです。私の両親はナチスに迫害された経験があるので、このくだりに最も心を打たれました」

創価学会の会員になったことで、どんな変化があったのか。

「まず、豊かな人間関係が築けるようになったことです。会員になる前には、全く接することがなかった、さまざまなジャンルの人たちと交流ができるようになりました。それから、世界平和を希求するということが、自分の人生における大きな目的になったことです。特に自分の両親が悲惨な体験をしたこともあり、暴力だったり、表面的な政治だったり、そういったものではなく、信仰の力で世界平和が希求できると信じられるようになったことが一番、自分にとってよかったと思います。今まで、自分の人生の中で師匠と呼べるような人は何人かいましたが、『人間革命』を読み、池田名誉会長が、人間は幸福になることができるという、その模範を教えてくれ、身をもって示してくれた。そういう意味で、今まで出会ったどんな人よりも自分に大きな影響力を与えてくれた、偉大な師匠だと思います」

池田が教えてくれたという、「幸福になるための規範」について問うてみた。

「池田名誉会長自身の生い立ちを読むと、幸福とはほど遠かったことがわかります。家庭も裕福ではなく、父親は長く病気で、お兄さんは戦争で命を落としている。名誉会長自身も健康状態が非常に悪く、大学にも進学できなかった。こういう状況であれば、95％の人は自分は不幸で、それはもう変わらないと諦めると思うのです。いくつものマイナス要因があるにもかかわらず、日蓮仏法に出合い、戸田会長という師匠に出会うことによって、自分の人生そのものを大きく変革することができた。日蓮仏法を信仰することで、世界の多くのトップリーダーと交流し、数多くの会員たちと対話をし、その人たちを幸せにすることができた。なによりも、そのように地に足が着いた活動をとおし、自分の人生を大きく変革したことに、私は一番感銘を受けたのです」

ストラウスは、池田の生き方そのものが宿命転換の典型的なかたちだと捉えているのである。おそらく日本の学会員も同じような認識を持ち、だからこそ池田に、そして池田の話に惹きつけられるのではないかと改めて感じた。

2人目は、アメリカSGI議長のタリク・ハサンだ。彼はイスラム教の国・パキスタン出身である。

まず、創価学会との出合いから聞くことにする。

「私は17歳で、大学に進学するためにアメリカに行きました。当時はまだベトナム戦争が続いていて、大学には入ったものの、勉強より反戦運動にのめり込んでいました。

アメリカSGI議長 タリク・ハサン

大学卒業後も、アメリカにとどまりたかったので大学院に進学をしました。しかし、そのときに父が亡くなり、経済的なサポートを失ってしまったのです。ルームメイトの一人が創価学会のメンバーで、生活が苦しい私に食料を分けてくれ、そして仏法の話を聞くよう勧めてくれました。でも、私はイスラム教国に育ちました。『仏法なんてとんでもない』と断る私に、ルームメイトが『題目を唱えると人生が変わる』というのを聞いて、気でもふれたのではないかと思ったぐらいです。それでも、ルームメイトが食べ物を分けてくれるので、そのお礼に話ぐらいは聞いてみようかと思いました。実はそのとき月謝を払っていなかったので、もしかしたら大学院を強制的に退学させられるかもしれないという恐怖心があったのです。ルームメイトが、そんな私の状況を知り、とにかく題目を唱えたら状況が変わると何度も勧めるのです。本当は抵抗感はあったのですが、とても逼迫した状況でしたので、試しに唱えてみたのです。すると、偶然かもしれませんが、なんと奨学金がもらえることになりました。もちろんそのときは、これは偶然で題目のせいではないと捉えていました」

その後、彼はルームメイトの誘いで創価学会の座談会に出席するようになったという。

「そこに来る人たちはみんな明るく、私に親切に話しかけてくれるのです。最初はみんな演技をしているのかと思ったのですが、そうではなく、本当にみなさん幸せなのだということに気がつきました。それからは座談会に出るのが楽しみになってきたのです」

しかし、彼を仏法へと導いたのは、そうしたプラスの体験ばかりではなかった。父親の死に際し、彼の中にある疑問が湧き起こった。

「父は母国では外交官であり著名な経済学者であり、作家でもありました。私は成功者である父のことを尊敬していました。ところが晩年、父親は徐々に自信を失っていきました。死をとても恐れていたのです。父は熱心なイスラム教徒でした。イスラムでは死は神に召されることを意味します。頭ではそうわかっていても、心が信じられなかったのでしょう。気力が衰え、体がどんどん縮んでいくようでした。亡くなる前に会ったときには、私の記憶の中にある父と同じ人間と思えないほど、ひどい言い方ですが、みすぼらしく見えたのです。そのとき、人は何のために生きているのだろうと、深い疑問を抱いてしまいました。そして、日蓮仏法は死の恐怖を克服できるのではないか、いや信仰を深めることで克服したいと思うようになったのです」

そこから彼の人生に変化はあったのだろうか。

「それまでは、21歳という若さにもかかわらず、まるで人生が終わったかのような生き方をしてきたのが、題目をあげることで、希望が湧き出してきました。それから42年間、やめることなく題目をずっと続けています」

自身にとって池田大作とはどのような存在なのかを問うてみた。

「1981（昭和56）年、池田先生がニューヨークを訪問されたとき、はじめてお会いしました。私は先生の身近で運営役員をしたのですが、いろいろな人に気さくに声をかけて励まされ、とても自然体な方だと感じました。１９９６（平成8）年には、私が運転手を担当しました。アメリカの有名な政治家と会談し、ホテルに戻ってきたとき、池田先生はドアマンにこう言ったのです。まず深くお辞儀をして、『自分がここに宿泊をしていると、いろいろな人が出入りをするから、あなたに忙しい思いをさせて申し訳ないね』と。相手が有名人でもドアマンでも、一貫して丁寧な態度で接する。そのことに強い感銘を受けました」

彼はこのエピソードをどうしても聞いてほしかったと言う。

「先生は私に、『自分自身を信じなさい』とおっしゃってくださいました。この言葉が、私にはとても励みになりました。というのも、２００１（平成13）年のアメリカ同時多発テロ以降、私は空港の移民局で呼び止められることが多くなりまして……。国籍はアメリカなのですが、出身がパキスタンのためでしょうか。それがすごく悔しくて恥ずかしかったのですが、池田先生から『自分自身を信じなさい』とおっしゃっていただいたことで、自分は先生の弟子なのだ、自信を持とう、そう思えるようになったのです。それからは空港職員に何を言われても平気になりましたし、堂々としていたせいでしょう、呼び止められることもなくなりました」

「先生は人間の可能性を信じている」と、ハサンは言う。

「決して否定はせず、すべての人を肯定される。私は先生に自分自身を肯定するということを教えてもらったのです」

池田の言葉がきっかけで、自分に誇りを持てるようになったと、ハサンは胸を張った。

反日感情を乗り越え、地域に溶け込む――韓国SGI

タリク・ハサンをコンプレックスや死の恐怖から救い出したのは、イスラム教ではなく、日蓮仏法の教えだった。彼は誰に強制されたわけでもなく、自ら創価学会に入会する道を選んだ。このように既存の宗教と無理なく融和していったことも、世界各国に広がっていったことの要因のようだ。

第6章でも述べたように、池田はそれぞれの国の宗教を尊重するという姿勢を崩さなかった。主任副会長の谷川が語る。

「池田名誉会長は創価学会の宗教指導者であると同時に、組織運営に秀でた建設者で

韓国SGI理事長 キム・インス

もあると思います。そのバランス感覚が非常に優れていらっしゃる。創価学会が目指すのは、平和、文化、教育ですから、独善的に広宣流布を進め孤立してしまっては何の意味もありません。ときにはいい意味で妥協しながら、その国の文化と融和し、新しい価値観を生み出していくことに力を注いでいるのです」

そうした池田の柔軟な姿勢は、反日感情の強い韓国国民の心をも動かした。

そこで、韓国SGI理事長のキム・インス（金仁洙）に話を聞いてみることにした。まず、創価学会に入会したいきさつから問うた。

「私が入会した動機というのは、親が病気

で、家が貧乏だったことです。私が小学校４年生のときです。農業に携わっていた父が病気になり、医師から６カ月ぐらいしか生きられないと宣告されてしまったのです。知り合いの学会員から『題目をあげれば、病気が治り、幸福になれます』と言われ、当時は追いつめられていて、他にできることも見つからなかったので、両親とともに仕方なく入会したのです。題目をあげれば父が助かると聞き、家族皆で『南無妙法蓮華経』を唱えました。すると、父の病気は治って、６カ月しか生きられないと言われたのが、その後26年間、生き長らえたのです」

彼が入会した当時、韓国ＳＧＩは発足していなかったが、韓国にはすでに学会員は存在していたようだ。

「韓国と日本の間には歴史的な問題が存在していましたので、当時は日本から伝えられるものは危険視され、座談会には警察が立ち会っていました。日本から韓国に危険思想が伝播することが恐れられていたため、監視が必要だったのです。当時、創価学会に入会するにはさまざまな障害がありました。反民族的団体という認識もあって、１９６０年代には日蓮仏法を信仰するだけで牢獄に入れられた先輩たちもいました」

入会当時、小学生だった彼は、日蓮仏法についてどの程度認識していたのだろうか。

「実は、創価学会が何なのか、『南無妙法蓮華経』がどういう意味を持つのか、当時の私は全く理解できていませんでした。高校生になって、創価学会のメンバーから『人間革命』という小説を紹介されて、戸田先生や池田先生の苦闘を知りました。そうか、こういう人生もあるのかと、そこで初めて心を惹かれたのです。池田先生と初めてお会いしたのは、１９８９（平成元）年、私が30歳のときです。日本を訪れた私たちに、先生は『韓国は日本に文化を伝えてくれた、文化大恩の国だ』とおっしゃり、韓国のメンバーをすごく励ましてくれました。その翌年の１９９０（平成２）年9月、今度は池田先生が韓国を訪れ、韓国ＳＧＩの会員に『素晴らしい地元の市民になりなさい、忍耐強く社会に貢献しなさい』と、活動の指針を示して、激励してくれました」

韓国にはいまだ根強い反日感情が存在している。ＳＧＩが発足した１９７０年代は、なおさら強かったはずだ。しかし、韓国ＳＧＩ会員は現在約１００万人と、世界有数の規模を誇る。反日感情の強い国で、なぜこれほどまでに広がったのだろうか。

「１９７０年代、韓国で創価学会が弾圧された背景には、日本のものを否定し、愛国心を強めようという政府の意図がありました。池田先生はそれをよく知っていて、『素晴らしい地元の市民になりなさい』と語ったのだと思います。つまり、たとえ弾圧されても、忍耐強く信仰を守り、自ら進んで社会貢献をする。人間対人間のそうした触れ合いによって、理解が深まっていくのだと伝えられたかったのでしょう。韓国ＳＧＩは、若者が都心に出てしまい働き手を失った農家を助けてあげたり、町の清掃活動を行なったりしています。さらに、一人暮らしの老人や貧しい老人がいれば、助ける運動をするなど、とにかくさまざまな社会貢献活動を長年続けていて、『韓国ＳＧＩはいい団体である』と、広く認識されるようになりました。韓国にメンバーが多いのはそのためではないでしょうか」

韓国は相互扶助意識が強い国である。人間同士の触れ合いを重視する池田の教えが受け入れられたのは、そうしたお国柄も関係しているのかもしれない。

大きな抱負を胸に、人生に挑む——欧州ＳＧＩ

創価学会の活動が世界各国に広がっていることはすでに述べたとおりだ。西欧から東欧まで、ヨーロッパ30カ国近くを駆け巡り活動を続けている、欧州ＳＧＩの女性部長、イギリス人のスザーン・プリチャードに話を聞いてみる。

欧州SGI女性部長 スザーン・プリチャード

「私が創価学会と出合ったのは、18歳、高校を卒業する年でした。それまではキリスト教徒で、定期的に教会にも行っていました。しかし世界の情勢を見て、そこに神の愛があるとは、とても信じられないと思うようになりました。ちょうどベトナム戦争が終わった年でした。ヨーロッパではベトナム戦争のインパクトはそれほどありませんでしたが、世界では犯罪率が上がり、自然災害も増えていた。とても不安定な時代だったのです」

創価学会とはどういうきっかけで出合ったのだろうか。

「友人から仏法の会合に誘われ、出かけてみたのです。皆さん、とても温かくて、明るくて、人生、それから哲学について活発にディスカッションしている。皆さんとお話しするなかで、さまざまな仏法的な考え方に触れました。題目もあげるようになりましたが、そのときは、あくまでも実験のつもりでした。いろいろ体験してみたかったのです。しかし、題目を唱えることによって、自分の内側からエネルギーが湧いてくる、そのことに歓喜しました。もう40年前の話なのですが、いまだにそのときの感覚ははっきり覚えています。日蓮仏法というのは、自分自身を追求し探究することを繰り返していく、一つの旅路のようなものだと感じるようになりました。そして1年経ったときに、入会することにしたのです」

しかし、彼女はキリスト教徒で教会にも通っていた。キリスト教はそうしたエネルギーを与えてはくれなかったのだろうか。

「キリスト教では神が絶対です。そして人間は、神のもとに従属するという関係です。もちろんキリスト教にもいいところはたくさんあると思いますが、常に罪の意識があり、自分自身は価値のない人間だと思わせてしまう要素がある、と私は感じていました」

信仰を深めることで、自分が価値のない人間だと思えてくる。本来人は宗教に救いを求めるものではないのか。もしこれが本当だとすれば、キリストは苦しみだけを与える存在になってしまう。

「キリスト教では『告解』というものがあります。これは自分の犯した罪を告白して、反省するのですが、非常にネガティブな側面があると感じていました。仏法でも、もちろん自分の弱点に目をつぶるわけではありませんが、それと同時に大きな抱負を持って、人生に挑むことができると感じました。仏法で自分を見つめるということは、決意することにつながります。自分の弱点を転換するという決意をして、それを実現する。それが人間革命でしょう。こうした理念はキリスト教にはありません。キリスト教では、常に善と悪が二分されています。日蓮仏法でも善と悪はありますが、これはコインの表と裏のように一体であり、悪は善に変換できる。ここが大きな違いです」

池田は、彼女にとってどういう存在なのだろうか。

「初めて会ったときは、思ったよりも普通の方だと思いました。仏法の教え、その哲学すべてが、池田先生の行動をとおして感じられるといいますか、仏法理念を体現している、実践していると感じました。私は日蓮仏法をとおして、究極の人間性というものを実践できるさまざまな手段を学んだと思います。池田先生は他者に対して常に尊敬の念を持ち、相手の一番いいところを引き出す力を持っています。私はそんな池田先生を師匠だと思っていますし、先生自身も、私が弟子であるということを決して忘れずにいてくれると信じています」

そうした絆が仕事にもいい影響を与えてくれたと彼女は言う。

「私は以前、フリーのミュージシャンとして活動していました。仕事をする上で人間関係を築くのはとても大事なことです。一緒に演奏するミュージシャンに対して、温かい気持ちで接することができれば、相手が自分のいいところを引き出し、その結果、質のいいパフォーマンスができる。そうなれば評判も上がり、仕事も入ってきます。なぜ、そうした温かい心を持てるかというと、信仰を深めることによって、多様性というものを認められるようになるからです。もちろん、仕事をする上で性格が合わない人はたくさんいます。でも、それを否定するのではなく、まず肯定してみる。そうすれば、表層的な違いを乗り越え、潜在的な部分で共感しあうことができるのです」

宗門との決別がもたらした新たな広宣流布

4人の海外の創価学会幹部の信仰体験を聞いてきたが、それぞれ入会前は、ユダヤ教、イスラム教、キリスト教といった、世界を代表する宗教を信仰する家庭に育ってきた。それらを離れ、創価学会に魅力を感じた点や入会動機は千差万別だが、共通しているのは、信仰したことで自分自身が人間的に成長できたという、はっきりした自己変革体験を持っているということだ。つまり、人間革命であり、それを成し遂げた歓喜が彼らにとって信仰の手応えとなっているのだろう。

池田が海外に出た一番の動機は、異国の地で苦労しながら信仰に励む学会員たちを励ましたかったからだと聞く。初めて訪問した国はアメリカで、1960（昭和35）年のことだった。SGI創設から少しさかのぼり、海外展開の原点ともいうべき当時の経緯をSGI理事長の大場好孝に聞いた。

「池田名誉会長が創価学会の会長に就任したのが1960（昭和35）年5月で、その年の10月にはアメリカのハワイからサンフランシスコ、シアトル、シカゴ、さらにカナダのトロントに行き、そしてニューヨーク、ワシントン、さらにブラジルのサンパウロ、再びアメリカに戻って、ロサンゼルスと、3カ国9都市をまわっています」

初の外遊先となるアメリカでは、池田はどのような人物と会ったのか。

「サンフランシスコで名誉会長が会ったのは、戦争花嫁というか、米軍の兵士と結婚した方々で、横須賀などに住まわれ、そのときに学会員になっていた女性たちが中心だったようです。確か20～30人ほどと会ったと思います」

さらに、そこで池田がどんな話をしたのかについて問うた。

「多くの人たちが日本に帰りたいと訴えたようです。言葉がしゃべれず、友達もできない。寂しいから帰りたいと。それに対して池田名誉会長は、あなた方が結婚してアメリカに来たのは、使命があるからです。だから、まずはこの国の言葉を学びなさい、そして市民権を取りなさい。アメリカは広いから自動車の免許を取りなさい。自由に動けるようになったら、頑張って創価学会におけるアメリカでのパイオニア（先駆者）になりなさい。名誉会長は、このようにきわめて具体的な励まし方を、それも一人ひとりに丁寧にしたようです。当時、アメリカの各都市で暮らしていた日本人女性たちには、池田名誉会長の励ましが大きな支えとなり、言葉を覚え、運転免許を取り、さらに市民権を取得し、本格的に布教活動を始めたようです。２０００（平成12）年を過ぎる頃には、海外の学会員はほぼネイティブの人になりましたが、当時は現地で苦労している日系人がほとんどだったのです」

このとき、アメリカ、カナダ、ブラジルをまわり、池田の初の海外訪問は終わった。翌１９６１（昭和36）年には、池田は香港、セイロン（現・スリランカ）、インド、ビルマ（現・ミャンマー）、タイ、カンボジアのアジア6カ国・地域を訪問している。それから2年後の１９６３（昭和38）年、アメリカで初の海外法人が認可された。

その後も、池田は時間の許すかぎり世界中をまわり、１９７５（昭和50）年、ついに創価学会の国際的機構であるＳＧＩが発足。池田が会長に就任したのである。この段階で51カ国・地域から構成され、それぞれの国で現地のネイティブに広がりはじめていた。

ＳＧＩ発足の背景を大場に問うた。いわゆる言論・出版問題などが起きて、日本国内では広宣流布がやりにくくなった。だから世界へと道を広げたのではないか、という私の質問に対し、大場は「いやそうではありません。ＳＧＩの創設を考えていたのは１９６０（昭和35）年、池田名誉会長が創価学会の会長に就任したときからです」

ときっぱり答えた。

しかし、1950年代から1960年代当時の創価学会は、日本においては他宗教を邪教だと厳しく批判し折伏していた。ヨーロッパやアメリカはその邪教の国である。それはアジア各国でも例外ではないだろう。当時の状況に鑑みれば、創価学会はより激しくキリスト教などと対立し合っていたと推測されよう。その点はどうなのだろうか。

「池田名誉会長が最初に海外を訪れた際、海外で布教活動を行なうには、多様性と寛容性、これが大事だと語っていました」

大場はこう言い、さらに言葉を続けた。

「SGIの結成から16年後の1991（平成3）年11月28日、創価学会が宗門から破門宣告を受けたときから、SGIがより自由に活動できるようになりました。それまで〝謗法〟や〝四箇の格言〟などの教えを教条的に捉え、口うるさく言っていたのは宗門なのです。SGIが大きく発展したのは破門されてからです」

大場の言葉どおり、宗門からの破門、つまり独立したことが海外での創価学会の発展のきっかけになったことは間違いない。海外の会員は今後ますます増えていくだろ

アメリカで10代の会員を励ます池田大作
（1996年6月　アメリカ・ニューヨーク）

う。会員獲得の先に何があるのか。その答えは各国の創価学会の活動にあるのかもしれない。

世界各国の創価学会を取り巻く環境は、国によって千差万別だ。民主主義の国もあれば、君主国も開発独裁体制の国もある。宗教、経済、教育、文化など、どれをとっても一つとして同じ国はなく、そこに住む会員もさまざまな社会環境のもと活動している。その一例として、堤がインドの創価学会について語った。

「先日、インドで20万人が信心するようになったという報告がありましたが、それはインドの創価学会が独自に自分たちの目標を定め、達成した結果です。自らの人間革命とインド社会の変革のために、目標を決めて、日々活動を行なっているのです。同様に各国それぞれが自分たちの目標を達成すべく広宣流布に励んでいます」

閉鎖的な宗門の抑圧から解放され、思いどおりに海外での広宣流布を行なえるようになったのだろう。それは数字が証明している。宗門から破門された時点でSGIは115カ国・地域であったが、海外布教に対するこうした柔軟性によって、現在192カ国・地域にまで発展。宗門との決別は、新たな広宣流布の始まりだったのだ。

次世代に継ぐ師弟の絆

これまで海外における創価学会の活動について、さまざまな角度から検証してきた。次に創価学会が直面している後継の問題について、次世代の責任者に問うてみた。

かつて青年部長を務めた橋元太郎である。1974（昭和49）年生まれの彼は、母方の祖父母が昭和20年代の終わり、つまり創価学会の草創期からの会員で、自身は子どものときに母親と一緒に入会した。ただし、信仰に目覚めて、自分の意思で頑張るようになったのは大学に入ってからだという。

彼が部長を務めていた青年部は、男子部、女子部、学生部に分かれている。高校卒業後、男性の場合、大学生と専門学校生は学生部に、それ以外はすべて男子部に入る。女性は、すべて女子部に入ることになる。小中高生は未来部に入り、この未来部も青年部に所属するそうだ。青年部に属することができるのは40歳前後までで、女性の場合は、その年代に達しなくても結婚すると婦人部に移動する。青年部全体で見ると、2016（平成28）年には1年間で、3万人以上のメンバーが入会しているという。

まずは、橋元に創価学会に入ってよかった点について問うた。

「池田名誉会長から、本当の意味で価値ある生き方とは何かを教わり、充実した人生を送れるようになったことです。名誉会長は、人のため社会のために尽くすことを我が喜びにできる生き方が素晴らしいと語っています。私もそれを実践し、創価学会の同志と励まし合いながら、また多くの友人と語り合いながら過ごす日々が、かけがえのないものだと感じています」

青年部としては、広宣流布をどのように実行しているのか。

「青年部が率先して布教していくことが活動の基本だと捉えていますので、友人に仏法を語り、場合によっては導いていく、つまり折伏があくまで中心になります。ただ、単に学会員の人数を増やすだけではなく、仏法の教えや生命尊厳の哲学を世の中に広げていく、また社会に反映していくことが広宣流布の根本だと考えています」

学会員は池田をとても尊敬しているが、池田の時代はいずれ終わる。今後の創価学会にとって最大の課題は、ポスト池田をどうするかということだと私は思う。橋元に問うた。

「私たちが池田名誉会長の話をしても、会合などで直接会ったことのある30代以上と、そのような経験のない20代以下とでは、受け止め方が全然違います。つまり、若い世代は池田名誉会長の存在に、私たちほど身近さを感じていないのです。どうすれば、この世代に池田名誉会長の精神性を継承していけるか、それを考えることが、これからの課題です」

私は池田に「なぜ入信したのか」と問うたことがある。すると池田は、戸田城聖が戦争に反対して捕らえられ、獄中でも転向しなかったことに感銘を受けたからだと答えた。池田は戸田に惚れ込み、今は学会員の多くが池田に惚れ込んでいる。

その池田がいなくなったら、どうなってしまうのか。橋元は海外メンバーの活動が参考になると語った。

「海外のメンバーは、日本の若者よりも、もっと池田名誉会長と離れたところにいますし、リアリティに乏しい存在であると思うのです。それなのに、ブラジルやインド、さらにイタリアなどのヨーロッパでも、誰もが池田名誉会長を師匠だと敬愛しています。一度も会ったことがないどころか、日本に来たことすらない人たちが熱心に信仰に励んでいるのです。しかも、その勢いたるや、日本よりも元気なのではないかと思えるほどです。海外のメンバーは名誉会長との物理的な距離が遠い分、より深い次元まで信仰を突き詰め、いわば哲学的な思考を得て、師弟の絆を自分の中で確立しているのではないでしょうか。日本、特に青年部は、その姿勢を学ばなければならないと強く思います」

２０１０（平成22）年、会長就任から50年を迎える節目の年、池田は表舞台から姿を消した。以降、公の席には現れていない。主任副会長の谷川は、その理由の一つに池田の年齢をあげる。１９２８（昭和３）年生まれの池田は、２０１８（平成30）年に90歳を迎えた。

「池田名誉会長は、いつも万全の準備をした上で表に出ていらっしゃいます。どんなに疲れていても、リーダーというのは人前に出るときは元気いっぱいでなければいけ

アメリカでの座談会風景（2015年10月　アメリカ・ニューヨーク）

ない、相手に心配をかけてはいけない、引っ張ってもいかなければいけない、それがリーダーなのだと。それが池田名誉会長の哲学なのです。学会員、一人ひとりに会って激励したいという気持ちに変化はないと思いますが、今の年齢では限界があるわけなのです。そこで、運営は執行部に託し、今は執筆などをとおしてご自身の思いを伝えることに専念しています」

現在、本部幹部会などの大規模な中継行事では、池田の過去の映像などを動画作品に編集して伝え、池田の存在を身近に感じてもらう試みも行なわれている。また近年、10代以下の未来部員の信仰の継承には、とりわけ力を入れているという。以前、未来部の会合に参加するのは青年部の担当者と未来部員だけであったが、最近では家族ぐるみで参加できる機会を増やすなど、信仰の継承のために育成環境の工夫が進められているようだ。

創価学会に聖地信仰は存在するか

第二次宗門問題によって日蓮正宗と決別した創価学会は、大石寺という、いわゆる日蓮や弟子の日興ゆかりの〝聖地〟をなくしてしまったことになる。海外の会員たちは、聖地がないことについてどう捉えているのか。堤に問うた。

「それは海外のメンバーに限ったことではなく、そもそも池田名誉会長は『聖地信仰はしない』と明言しています」

池田が命名した広宣流布大誓堂は、「大〝聖〟堂」ではなく「大〝誓〟堂」であることが重要だという。なぜならこの建物は聖職者に祈ってもらう場所（聖堂）ではなく、学会員自らが世界の平和を「誓願する場所（誓堂）」であって、これこそが菩薩の生き方だからだというのだ。ここにも「宗教のための人間」ではなく、「人間のための宗教」という考えが表れているという。

こうした池田の民主的な殿堂観、伽藍観を表すものとして、1972（昭和47）年に大石寺の正本堂が完成した際、彼が当時の僧俗首脳を前に語った言葉がある。

「古今東西を問わず、普通、『参拝者は聖職者から祈願を受けて帰る』のでありますが、ここ正本堂は『民衆が猊下とともに』『祈願をして帰る』のであります。（中略）『聖職者から祈念を受けて帰る』べきであるとするならば、それより私は『無教会主義』の方が、より進歩的であり、かつ正しいと、考えるものであります。（中略）したがって、民衆が仏と一体関係下において、能動者として祈願するものでなければ、殿堂は不要である。無殿堂主義のほうが、より進歩的であり、より正しいと、私は考えるのであります」

創価学会が学会員の大石寺、あるいは正本堂への参拝を推進していたのは、宗門外護を目的としていたからである。当時の学会員にとって大石寺や正本堂への参拝は、彼らの信仰生活に自然に溶け込んでいたのかもしれない。ただし池田自身は、大石寺や正本堂のような宗教的殿堂は、僧侶に代表される聖職者に祈願してもらうために存在するのではなく、聖職者も信徒も平等の立場で祈願するための場所であるべきだと考えていた。

ここで池田が問題にしているのは、祈願に対する信徒の姿勢だ。祈願が受動的なものであれば、信徒は聖職者に依存し盲従することになる。ついには信仰者としての主体性を失って、宗教的奴隷となってしまうこともあり得るだろう。それは、人生の苦難を乗り越えるためには自己の強い信心が必要と教える日蓮本来の考えとは異なるということなのだろう。

「聖地」についての考え方も同様である。思わぬ幸運やパワーを得られる場所を人は聖地と呼ぶが、それを求める心理とは、人間精神の脆弱性や他者依存性に由来しているのではないだろうか。また、教団経営的な見地で考えても、聖職者からすれば信徒の依存性が強いほうが支配は楽なはずだ。しかし池田は、人間の幸福とはあくまでも自身の強い生命力によって獲得できるものであり、困難に打ち克とうとする闘争心を萎えさせるものは仏法的ではないと見ているに違いない。そうした池田の教えのもと、葬式仏教と決別し、世界宗教を目指す創価学会は、どこまでも人間の内面、つまり精神の強化を目指していくのだろう。その〝闘う魂〟があるかぎり、創価学会の勢いは衰えないのだと感じた。

広宣流布大誓堂の全景（東京・信濃町）

宗教とはロマンを求める生き方である

今回、私が本書の取材を始めたのは、なぜ創価学会がこれほど多くの人の心を惹きつけるのか、そして数多くのピンチに直面しながらも、どうしてそれを乗り越えられたのか、その疑問を解明したかったからだ。取材をとおして見えてきた創価学会の〝強さ〟の秘密とは結局、次の三点に要約できる。

第一に、池田大作という人物が持つ魅力であり、彼と学会員との強い絆である。池田という存在なくして今日の創価学会を語ることはできない。創価学会がピンチに直面するたびに発揮された彼の鋭い判断力や決断力もさることながら、多くの人を惹きつけてやまない人間的な魅力こそ、創価学会を支えている。

この池田を学会員一人ひとりが敬愛し、絶対的に信頼している。そして自分たちが彼と身近な次元でつながっているという実感を抱いているのだ。この一体感が学会員と創価学会を強く結びつけている。それは日本を超えて世界にも広がっている。この結束が崩れないかぎり、創価学会は今後も健在なのだろう。

第二に、座談会に代表されるような、一人ひとりの学会員が尊重される活動システムである。座談会では、学会員たちが職場や家庭でのトラブル、ひいては人生の苦悩まで率直に吐露し合う。そこにいる全員がそれぞれの話に対し親身に耳を傾け、励ましてくれる。座談会に出席することで、自分は大切にされている、認められているという実感を得ることができる。職場や地域社会などで人間関係がうまくいかず、孤立してしまうこともあるだろう。自分一人の力ではどうにも解決できない悩みに直面し傷ついた学会員が、周囲の励ましを受け生きる力を取り戻す、座談会はそうした回復力も与えてくれるようだ。創価学会には「一人を大切にする」という言葉があると聞く。こうした一人ひとりを尊重する座談会という運動を、創価学会は世界中で地道に展開している。

そして最後が、「宿命転換」という教えだ。取材を通して多くの学会員から話を聞いたが、「宿命転換」という日蓮仏法の教えが彼らの心を捉えていることを強く感じた。学会員はみな、宿命転換を目指して日々、勤行を続けている。たとえ信仰を深めても、病気や家庭不和、仕事上のトラブル、子育ての苦労など、日々の悩みや苦しみは尽きることがない。学会員はその苦悩の原因を自分の「宿命」にあると受け止め、自己の内面を変革することによって苦悩が解決でき、幸福になれると考えている。

深刻な苦悩を抱え、絶望を感じることは誰にでも当然あるだろう。そうしたときでも学会員にとって信仰とは、それを解決できる心強い支柱になっているようだ。どんなときでも希望を持つことができる、その源になっているのが「宿命転換」の教えであり、それを信じていくことが〝ロマン〟を求める生き方といえるかもしれない。

私はジャーナリストという職業柄、徹底した現実主義者である。取材当初、こうした話を聞いてとても戸惑った。なぜ宿命転換が可能なのか、不治の病で亡くなる学会員もいるではないか。また学会員は「三世の生命」をよく口にするが、来世は本当にあるのか。それは今でもわからない。しかし、学会員は「どう生きるべきか」「どう死について考えるか」という問いへの答えを宿命転換や三世の生命観に求めている。それが人生を前向きに生きるための希望となっているのであろう。

創価学会が多くの人の心をつかみ、さらに世界へと広がっていった、その原動力になっているのは、誰もが生きる希望を持てるようになることではないか。宗教とはロマンを求める生き方そのものを指す、それが私の導き出した答えである。

〈解説〉

SGI憲章の制定

各国の創価学会が運動を進める指針として、１９９５（平成７）年に「SGI憲章（創価学会インタナショナル憲章）」という原則が発表された。そこにはSGIの目的と原則として、「生命尊厳の仏法を基調に、全人類の平和・文化・教育に貢献する」「それぞれの国・社会のよき市民として、社会の繁栄に貢献することを目指す」「仏法の寛容の精神を根本に、他の宗教を尊重して、人類の基本的問題について対話し、その解決のために協力していく」など10項目が掲げられている。

その考え方の基調は、宗教的にも文化的にも多様性と寛容性を尊重し、それぞれの国々の社会の繁栄と発展に貢献するという姿勢である。この原則に基づき、各国の活動は自主的に進められている。

海外の創価学会の発展

各国の創価学会組織の中には、独自に活動を行ない、顕著な結果に結びつけている国もある。ヨーロッパではイタリアである。1980年代に池田が訪問して激励した当時の青年部員が現在、イタリアSGIの中核として活躍し、イタリア社会に根づきつつあるという。会員も9万人と、ローマカトリックの信者が大半を占めるこの国で、4番目の規模を維持している。2015（平成27）年にはイタリア共和国とイタリアSGIとの間で、同国の宗教政策でもある「インテーサ」と呼ばれる宗教協約が締結され、翌2016（平成28）年7月、国会の上下両院において満場一致で批准、大統領により正式に発布された。これによりイタリアSGIは、有力宗教としてさまざまな特典が保障され、宗教活動の範囲がさらに広がった。

また、日本でそうであったように、フランスでもかつてSGIは政府やマスコミから宗教的な異端である「セクト」扱いをされ、警戒された時期があった。しかし、これもすでに過去のものとなっている。国営テレビ「フランス2」は2014（平成26）年12月、朝のニュースで放送したイタリアSGIの特集の中で、「創価学会は、15年前まではフランスではセクトと見なされてきました。しかし今では、その問題も決着し、仏教の一派、日本の哲学として認められるようになりました」と客観的に報道している。

他宗教との対話

池田は他宗教との対話についても前向きだという。『新・人間革命』には、キリスト教のイエスとイスラム教のマホメットという、二大預言者の来歴と思想が詳しく紹介され、その救済の生涯を肯定的に評価されている。また、創価学会はアメリカの有力ユダヤ団体サイモン・ウィーゼンタール・センターと人権運動について連携を深めており、創価学会は人類が直面する諸問題を解決するため世界の三大宗教、キリスト教、イスラム教、仏教との対話を行なう用意があるという。実際に、各国の創価学会では平和問題や環境問題などについて個別に他宗教との対話を始めている。

創価学会の現在

創価学会は近年、機構整備を矢継ぎ早に進めている。２０１５（平成27）年11月には、朝晩の勤行と御祈念文の方式を新たに「勤行要典」として制定。ここでは日蓮を「末法の御本仏」として仰ぐ一方、広宣流布を実現してきた指導者である牧口、戸田、池田の三代会長を新たに「広宣流布の永遠の師匠」と位置付けた。また会則にも三代会長を同趣旨で明記し、その指導を世界広宣流布の不変の規範とすることを明らかにした。

また２０１６（平成28）年11月には創価学会の宗教的立場を明らかにするために、戸田がかつて語った「未来の経典に創価学会仏と記されるだろう」という趣旨を会則に追加し、創価学会こそが未来にわたって全世界へ仏法を広めゆく仏の存在であるとの自覚をいっそう明確にした。

このように創価学会の教義的立場を強化する一方、２０１７（平成29）年９月には「創価学会会憲」の制定が行なわれた。これは従来の「創価学会会則」が、あくまでも国内会員向けのものであり、世界共通の規範がなかったことに対応したもので、これにより世界各国の創価学会の組織と日本の創価学会との関係も再確認された。

現会長の原田稔は、「（会憲とは）世界教団たる創価学会の根本規範となる、会の憲法」であり、「創価学会総本部が世界各国を指導する世界教団としての体制を構築していく」ことを明らかにしたものであると語る。こうして日本の創価学会が全世界の創価学会の組織を統括し指導することが明確になり、世界教団としての布陣が整えられたのである。

なお施設面では、21世紀に入ってから東京の信濃町にある創価学会総本部の周辺整備が始まり、2013（平成25）年11月にその総仕上げとして、寺院でいうと本堂に当たる「広宣流布大誓堂」が完成した。ここは会員が世界平和を祈念する殿堂として1300人以上を収容、14基の同時通訳ブースが置かれるなど、国際会議並みの翻訳設備も備えられた。

第二、第三世代の信仰観

自分が生まれる前から家族が創価学会に入会していたという第二世代、第三世代には、海外のメンバー同様、池田との接点はほとんど存在しない。しかし、そうした状況においても、彼らはそれぞれの方法で池田との絆を深めている。

池田がスピーチの中で言った、「あなたにしか果たせない使命がある。あなたにしか救えない人がいる」という言葉に気づきをもらったという男子部員がいる。彼は躁状態と鬱状態を反復する気分障害の一つ、双極性障害に悩んでいた。しかし、池田の言葉を聞き、「障害を持っている自分にしかできない使命がある」という希望を見つけることができたという。

かつて創価学会の入会動機は「貧・病・争」などの生活上の悩みとされたが、今でも同様の悩みを抱えて入会する者は多い。両親の離婚が入会のきっかけになったという女子部員もいる。父親の暴力が原因で両親が離婚。経済的に追いつめられ、生活保護を受けながら彼女は新聞奨学生になり大学に進学した。それでも生活は厳しく、その上、当時まだ小学生だった弟の親権をめぐり、父親が母親を脅すこともあったという。彼女は藁にもすがるような思いで入会。それまでは、他人と自分を比べて落ち込むばかりの毎日だったが、「君には君だけの使命が絶対ある」という池田の言葉に、「ありのままでいいんだ」と思えるようになったというのだ。

また、ある女子部員は思春期でもがいていた頃、手に取ったのが池田の本だった。幼い頃から両親の不仲に傷つき、二人が離婚しないよう、子どもなりに必死に祈り続けたが、それは叶わなかった。祈ることの意味を見失い、自暴自棄になりかけた彼女を救ってくれたのが、本の中の池田の言葉だった。中でも、「君が自分を信じられなくなったとしても、私は絶対に君を信じている」という言葉が心に残っているという。自分の心に光が射したように感じた——そのときのことを彼女はこう振り返った。

こうした体験談を聞くと、いわゆる〝個人崇拝〟や〝池田教〟という言葉を連想しがちだが、実際は少し違うようだ。池田の指導や励ましによって第二世代、第三世代と呼ばれる青年部員たちは生きる希望を得て、本尊に真剣に祈りはじめる。その結果、生命力を得て悩みが解決され、そこで初めて信仰の真価を実感する。それが学会員であることの自覚につながっていくのだ。たとえ池田との接点がなくても、言葉をとおし確かな絆が存在しているということだろう。

第9章

特別インタビュー

原田稔会長に聞く

著者と創価学会会長　原田稔（右）

創価学会が飛躍的に会員数を増やしたのは、1950年代、戸田城聖第2代会長の時代だった。当時の日本は敗戦の痛手から立ち直れず、「貧・病・争」に喘いでいた。病気になっても貧しさから医者に診てもらうことができない。殺伐とした時代ゆえ、嫁と姑のけんかをはじめ人間同士の争いごとも絶えなかった。そうした誰もが貧しく苦しい時代にあり、人々は創価学会に救いを求め、日蓮の教えのもと、励まし合い、助け合いながら生き抜いてきた。インタビュー取材に応じてくれた年配の創価学会幹部は、「地方から上京し、知り合いのいなかった自分にとって座談会が救いだった」と語った。

しかし、時代は変わり、「貧・病・争」に苦しむ国民の数は確かに減ってはいる。社会保障の充実・安定化を目指す国の政策により、具合が悪くなれば診療を受けることができるし、医療技術も飛躍的に進歩した。また、核家族化が進み家族間の争いも少なくなった。さらに、ソーシャル・ネットワークの発達により、仲間づくりも容易になった。そうした現代社会において、孤独を癒やすことが入会動機ではなくなっているように感じる。果たして人々は今、何を求めて創価学会に入会してくるのか。改めて疑問が湧いてきた。

最終章では、それらの答えを求め、第6代会長の原田稔へのインタビューを試みることにした。創価学会の成り立ちから宗教論、言論・出版問題に始まる苦難の歴史、政治進出、海外での活動、さらには未来への展望まで、多岐にわたりじっくりと話を聞いた。

私は今後、宗教の力が強く求められる時代がやってくると考えている。そこには現代の急速な科学技術の発展が大きく関係している。

今後、人間の〝生〟に最も強く深いインパクトを与える科学技術は二つあると思っている。一つはｉＰＳ細胞が開発されたこと。そしてもう一つがＡＩ（人工知能）の急速な進歩である。

まずｉＰＳ細胞についてだが、早ければ２０２０年には、医療現場での応用が実現するとも伝えられている。ついに人類は寿命革命への第一歩を踏み出すことになるのだ。医療技術の急激な進歩によって寿命は確実に延びていくだろう。一方で、ＡＩの開発により人間がこれまで行なってきた仕事の多くは、近い将来ＡＩに取って代わられ、人間のやるべきことはどんどん減っていくと予想されている。

つまり人間の寿命は延びるが、同時に生きがいである仕事はなくなっていくのだ。我々はこの先やるべきことがなく、ただ漫然と生きていくだけという時代を迎えるのかもしれないのだ。そうした現実をどのように受け止めればよいのか。AIに仕事を奪われた人々は、自己の存在意義を見出せなくなり、喪失感を抱き、自暴自棄に陥ったりはしないのか。

かつてない長寿社会を迎え、我々は何を心の拠りどころとし、どう生きていけばいいのだろうか。そうした私の問いかけに、原田はどのような答えを出してくれるのか。まずはそこから聞いていくことにしよう。

長寿社会を迎え、宗教が果たすべきこととは何か

田原総一朗（**以下・田原**）　最初に基本的なところからいきます。創価学会設立の目的について聞かせてください。

原田稔会長（**以下・原田**）　日蓮大聖人の仏法を基調にして、個人の絶対的幸福と世界平和を目指す、これが創価学会設立の目的です。人生というものは、自ずと苦悩が

つきまといます。その根本的な解決への道が日蓮仏法に示されています。日蓮仏法とは法華経の肝心の法を説き明かしたもので、基本思想に「慈悲」があります。慈悲というのは、「抜苦与楽（ばっくよらく）」と我々は捉えています。「抜苦」は苦を抜く、「与楽」は楽を与えること。常に慈悲の心を忘れず、苦しんでいる人や悩んでいる人に寄り添い、楽しみを与えることを永遠に続けていこうというのが、我々の生き方です。そしてそれは、より良き社会の建設、平和構築のための行動へと昇華していきます。池田名誉会長の小説『人間革命』の「はじめに」に「一人の人間における偉大な人間革命は、やがて一国の宿命の転換をも成し遂げ、さらに全人類の宿命の転換をも可能にする」とありますが、まさにそれが我々の生き方を表しているのです。

田原　創価学会が設立された1930年代から、飛躍的に会員数を増やした1950年代、日本は貧しく、いわゆる「貧・病・争」の時代でした。そこで救済を求め、入会してくる人も多かったと思いますが、今はもう時代が違う。今、入会してくる人たちは何を求めているんでしょうか。

原田　時代は変わっても人間の悩みは変わりません。病気、経済苦は今も厳然と存在していますし、今の若者たちを見ていると、家族間をはじめ、人間関係をうまく築け

ない人が増えているように感じます。さらに、人生をどう送ればいいのか、どうすれば自己実現できるのか、そうした根源的な悩みを抱え入会してくる人が非常に増えました。

田原　つまり、社会が豊かになった分、新しい悩みも増えたということですね。

原田　そのようにいえるかもしれませんし、一方で、時代がどう変わっても、悩みや苦しみは尽きないということです。仏法ではそれを「四苦（しく）＝生老病死」と、根源的に捉えています。

田原　かつて、科学が発達すれば宗教は衰えるだろうといわれていました。現に1980年代、1990年代にはそういう兆候がありましたが、科学が発達した現在も宗教は衰えない。これはどうしてなのでしょうか。

原田　戦後は、それこそ人間の存在そのものが危機に直面するような時代もありました。でも、今はもう違います。科学技術の発展により、生産力は飛躍的に向上し、医療技術も格段に進歩しました。その恩恵に与り、努力をしなくとも万人が長寿を手にすることができる反面、人間はどう生きればいいのかという、根源的な問題に向き合わざるを得なくなってきたのです。ＩＴや遺伝子工学など、科学技術がいかに進歩しても、本当の意味での人間が生きる目的、生きる醍醐味は何かということについて回答を与えることができない。その答えを出すのが宗教なのではないでしょうか。

田原　今、長寿を手にするとおっしゃいましたが、僕はそれこそが今後、人間が直面する最大の問題だと考えています。京都大学の山中伸弥教授がｉＰＳ細胞というものを開発しましたが、これが実用化されると、がんも完治し、人間はなかなか死ななくなる。これまでの医療は、いかに人間の寿命を延ばすかということに懸命に取り組んできましたが、ｉＰＳ細胞の開発によって、１２０歳まで寿命を延ばすことだって可能になるかもしれない。これまで考えたこともない長い老後を前にしたとき、人は、生きることの意味について真剣に考えなければいけなくなるわけです。本来、そうした問いに答えを出すのは哲学の領域でしたが、今の科学技術の進歩に哲学がまったく追いついていない。そうなると、やはり宗教が必要になるのではないでしょうか？

原田　おっしゃるとおりです。日蓮大聖人が遺している御書の中に、「百二十まで持ちて名をくたして死せんよりは、生きて一日なりとも名をあげん事こそ大切なれ」という言葉が記されています。

田原　どういう意味ですか？

原田　人間の幸不幸というのは、寿命の長さによって決まるものではない。いかに人生を輝かせて送ることができるかが大事であり、その生の〝質〟が幸福につながるという意味です。つまり、長さのいかんにかかわらず、生きがいを持ち、人のため、社会のために貢献しながら、人生を充実させることが大事であると説いているのです。

田原　多くの人間にとっては、仕事をしていることが一種の生きがいだと思いますよ。ところがね、一般的には60歳、あるいは65歳で定年を迎えるわけですよ。もし、寿命が120歳まで延びるとなれば、仕事がなくなった後、まだ50年以上生きなければいけなくなる。果たして我々は何を頼りに生きていけばいいんでしょうか。

原田　それは真剣に考えるべき問題です。万人が長寿を手にするようになればなるほど、人間はどのように生きるべきかという、まさに根源的な問題と向き合わざるを得なくなる。そこで、高齢者が〝生きる張り合い〟を持てる社会に転換する必要があります。つまり、〝高齢社会〟を〝幸齢社会〟にするのです。その点において、宗教が非常に重要な意味を持つようになるはずです。それらの問いにしっかり答えることができなければ、21世紀を生き抜く宗教にはなれません。

田原　さらに言えばね、オックスフォード大学の研究者と野村総合研究所が共同研究を行ない、10〜20年後には日本の労働人口の約49％が就いている職業が、人工知能に取って代わられるという結果を２０１５（平成27）年12月に発表しました。寿命が延びる、仕事がない。さあ、どうすればいい。ここでも改めて宗教の役割が問われているんじゃないですか。

原田　そのとおりです。今おっしゃった研究の、さらにもう一つの結論は、接客業のような、人間関係を重視する仕事が人間に残るということです。だからこそ、人と人との関係というものが大事になってきますし、その意味で、創価学会が果たす社会的包摂（ほうせつ）の役割というものが、非常に重要な意味を持つようになると思います。

田原　具体的にはどういうことですか？

原田　毎月定期的に行なっている座談会です。これは牧口常三郎初代会長の時代から続いている、創価学会の活動の柱の一つで、牧口会長自らが現地に赴き、少数の人たちの話に耳を傾けたのが始まりです。今も月に１回、20〜40人の学会員が集まり、自分たちの悩みを赤裸々に語り合いながら、人生の目的や課題と向き合っています。こうした活動をとおして、お互いを励まし合っているのです。これだけソーシャル・ネットワークというものが発達してくると、人と人が直接向き合い、相手の声を聞きながら、表情を見ながら意思疎通を図ることが、非常に貴重な意味を持つようになってきます。そうした反応を見て、相手が抱えている悩みを理解し、共有し、お互いに励まし合いながら進んでいこうと思うようになる。これはきわめて卑近なことのように捉えられるかもしれませんが、実は、これからの社会で最も大事にしなければいけない、創価学会の役割だと思っています。

三世の生命にみる創価学会の死生観

田原　以前、池田さんにお会いしたとき、「理性と信仰は矛盾しない」と伺いました。物事を論理的に究明しようとする理性と、ひたすら祈りを捧げる信仰と、この二つはどこでどう結びつくと、会長はお考えですか?

原田　昔は、宗教は非合理的で、前近代的だというふうに思われてきました。しかし、我々が信仰する日蓮仏法というものは、一人の人間の生命というものを、いろんな角度から哲学的に解き明かし、「なるほど、そうだ」と誰もが納得できる、実感を得られるものです。そういうものがしっかりしているため、決して理性が求められる今の時代に相容れないものではありません。戸田第2代会長は、「信は理を求め、求めたる理は信を深からしむ」とおっしゃいました。その言葉どおり、私たちの仏法では〝理性に叶った説明〟と〝信仰〟とは、互いに補い合い、深めていくものだと捉えています。むしろ、現代に即応できるものだと考えています。

田原　人間は理性だけでは生きられないということですか？

原田　いやいや、そうではありません。我々の信奉する日蓮仏法は、決して理性とは矛盾したものではない、ということです。今から二十数年前に、池田名誉会長がアメリカのハーバード大学で「21世紀文明と大乗仏教」というテーマで講演をされました。そこで名誉会長は、人間復権の基軸となる宗教のあり方について、三つの基準を提起しているんです。宗教を持つことが、人間を強くするのか弱くするのか、善くするのか悪くするのか、賢くするのか愚かにするのか、これらの判断を誤ってはならないということです。正しく判断するためには当然、理性が求められます。つまり、理性によって信仰は深まり、信仰によって理性は生かされるのです。

また、講演の中で仏法の生死論にも触れ、「生も歓喜、死も歓喜」と語られました。これまで西洋の文明はどちらかというと、死を忌むべきものとして陰に押しやってきた。でも、そうではなく、生も死も同じように捉えなければいけないと。特に死というものに真正面から取り組み、どう向き合うかを解き明かしていくのが、本当の意味での宗教ではないかという角度から、大乗仏教の醍醐味について話を展開したのです。

池田は１９９３（平成５）年にハーバード大学で行なったこの講演の中で、近代は「死を忘れた文明である」と語っている。あらゆる宗教や哲学は、生あるものは必ず死ぬという「生死」の問題から生まれてきていると池田は語った。なぜ死が人間にとってそれほど重い意味を持つのか。それについて池田は、死によって、人間は己の有限性に気づかされるからである、と語った。どれだけの富や権力を手にした人間であっても、死から逃れることはできないのだと。

それゆえ人間は、生の有限性を自覚し、死の恐怖や不安を克服するため、何らかの永遠性に参画してきたという。宗教が人類史とともに歩んできた所以（ゆえん）がそこにある。

しかし、近代では死を恐れるあまり、それを忌むべきものと見なし、日陰者の位置に追い込んでしまったと池田は言う。「生が善であるなら死は悪、生が有で死が無、生が条理で死が不条理、生が明で死が暗」と、ことごとく死を陰に追いやってきてしまった。それを池田は「死を忘れた文明」と評した。

死は単に生の欠如ではなく、人間の生命を構成するために欠かせない要素であり、生き方としての「文化」であるというのが、池田の主張だった。死を正しく見つめ、位置付けていくことこそ、21世紀における最大の課題であると説いたのだ。

そこで私は、改めて原田に「死」について問うことにした。

田原　人生観を語る上で、「死」は避けては通れないことはわかりました。では、学会員にとって、「死」とはどういう意味を持つのでしょうか。

原田　死は、次の「新たなる生」への出発であると捉えています。

田原　今回、学会員の方へのインタビューの中で、「三世の生命」について何人かに聞いてみたんですが、皆さん、前世があり、現世があり、さらに、死後の世界があり、誰もが生まれ変わると言う。つまり、皆さん、この「三世の生命」を信じているわけですが、死後の世界を体験している人は誰もいませんよね。誰もいないのに、なんで前世があり、死後の世界があると信じられるんですか？

原田　それはこういうことです。仏法では「本有（ほんぬ）の生死」と説きますが、生も死も、生命に本然的、つまりもともと具わったもので、本来、表裏の関係だということです。生命は連続しているので、死を迎えても、再び縁に触れて生を受ける。ですから、どのような死を迎えるかは、次にどのような生を迎えるかということとイコールなのです。荘厳な夕焼けのごとき死は、翌日の澄み渡る青空のごとき次なる生を約束します。ですから、先ほどもお話ししたように「生も歓喜、死も歓喜」という言葉が表すように、現世において充実した生き方をすることが、死後を確かなものにできるということなのです。

田原　なぜ死後を重要視するんですか？

原田　それは永遠の生命ということを確信しているからです。

田原　どうして確信できるんですか？　だって原田さんだって、体験したことがないわけでしょう。

原田　そうですね、実はそこが大事なところで、仏法の仏法たる所以です。仏法の視点によれば、生命は三世にわたって生死を繰り返していきます。日蓮大聖人は、〝死を厭い嫌うのは迷いであり、生も死もともに生命の一側面なのだと自覚することが悟りである〟と説かれています。この透徹した生命観・生死観に立ち、最高に価値ある人生を生きていくことが、私たちの仏法の目的なのです。だからこそ亡くなった後も安心立命できるよう、現世の生き方が重要になってくるわけです。

田原　今回インタビューした中で、母親をがんで亡くした方がいて、最期のとき、とても幸せな人生だったと言い遺していったと話してくれました。死は絶望的なものではなく、むしろ希望に満ちたものだと実感したという話を聞いて、とても興味深いと思った。どうしてそんな希望に満ちた最期を迎えることができるんでしょうか。

原田　それはやっぱり、現世を自らの思うように生き切ったという充実感が、そういう言葉で表れたのでしょうし、実際にそう感じられたのだと思います。事実、私は数多くの学会員に接してきましたが、死は決して忌むべきものではなく、次なる生への新たな出発点であると深く確信し、懸命に信心に励む姿を何度も目にしています。そうして今世の総仕上げをするよう旅立っていく姿も何度も目にしました。そこには爽やかな感動といいますか、ある種、生命の尊厳すら感じられます。

田原　浄土真宗など、他の宗教でも「三世の生命」は説かれていると思いますが、創価学会はそれらの宗教とどう違うんですか？

原田　日蓮大聖人の仏法に、「娑婆(しゃば)即寂光(そくじゃっこう)」とありますが、これは、生きている今、幸福になっていく、「一生成仏」を説いています。今いる現実世界を寂光土として輝かせようという教えです。一方、念仏の教えは、この世は汚れた「穢土（えど）」であり、死後、はるかかなたの極楽浄土に往生できると説いています。輝かせるのが〝今〟なのか、〝死後の世界〟なのか、この点が根本的に違うところです。日蓮仏法では一人ひとりに「仏性（ぶっしょう）」、つまり仏になる性質があると説きます。仏性を発揮することが、その人の可能性を最大限に引き出すことにつながります。だから、人は努力してこの仏性を磨いていかなければいけない。それと同時に、自分の人生を豊かに生きるだけではなく、他者の幸せを願い、そのためにどう働きかけるかも重要視します。自他ともの幸せを願うことを実践することによって、「一生成仏」が叶うと日蓮仏法では明快に説いています。

田原　それは押し付けじゃないですか。だってそれが折伏につながるわけでしょう。余計なことかもしれないし、要らないよって言う人もいるんじゃないですか。

原田　もちろん、そう思う人もいますよね。でも、勧誘されることで、あぁ、救われたと感じる人もたくさんいらっしゃるわけです。

田原　例えば、浄土真宗や真言宗は誘いませんよね。いうなれば、そこが創価学会の特徴で、また煩わしさでもある（笑）。

原田 おっしゃる意味はわかります。しかし、そこが一番重要で、まさに他宗教と一番違うところなのです。そもそも折伏というのは、創価学会がつくったものではなく、勝鬘経という仏典に出てくる言葉であり、真の仏教の布教方法であると説かれています。釈尊や天台、また日蓮大聖人が仰せになった言葉で、多くの仏法者につかわれた言葉です。我々は、それを、そのまま本義に照らして行動している。つまり、折伏というのは仏教正統の菩薩行なのです。創価学会では菩薩の生き方というものを、常に自己の生き方の規範にしていますし、さらに言えば、社会に対しての働きかけも大事にしています。この汚れた社会を理想の社会に変えていこうと、まさに誓願の生き方を実践しようとしているのです。だから、会員一人ひとりは自分自身の人格を完成させると同時に、積極的に他者と関係を持ち、さらに社会とも積極的にかかわりあいを持っていこうとしています。

田原 でも、最近その積極性がなくなったんじゃないですか？

原田 いやいや、そんなことはありません。

田原 だって、１９５０年代、１９６０年代の折伏は、すさまじかったじゃないですか。

原田　積極的に他者と、そして社会とのかかわりを持とうとしていましたね。逆に言えば、あまりにもストレート過ぎたかもしれません。しかし、言論・出版問題等々の経験を経るなかで、活動形態にも変化が訪れました。今は真っ直ぐな情熱を持ちつつも、社会と融和しながら、他者の幸せを願い、深くかかわっていくというのが創価学会のやり方ですし、他宗教との一番の違いです。

言論・出版問題で池田が守ろうとしたもの

1969（昭和44）年、言論・出版問題が勃発した。政治評論家、藤原弘達が書いた『創価学会を斬る』の出版を阻止しようと創価学会が動いたことが大きな波紋を呼び、その経過については第4章で詳述したとおりである。このとき、創価学会は窮地に立たされ、池田が誤りを認めて全面謝罪。これを目の当たりにした多くの創価学会ウオッチャーたちも私自身も、間違いなく創価学会は衰退すると考えた。

創価学会の会員たちが懸命に折伏を続けたのは、原田が語るように、折伏によって相手も自分も幸せになれると思い込んでいたからであり、それは創価学会が正しい、間違いなど一切ないと確信していたためだった。なによりも、カリスマ的リーダーである池田大作が間違ったことなどするはずがないと、学会員の誰もが信じ切っていた。それが、年間に100万世帯以上増加させるすさまじいエネルギーを湧き起こしていたのだ。

その池田が、なんと誤りを認め、天下に謝罪。これでは学会員たちはやる気を失い、学会員であることに意義を見つけられなくなるのではないか、と周囲は捉えたのである。

だが、創価学会は衰退しなかった。原田自身はこの問題をどう捉えているのか、改めて問うてみることにした。

田原　僕はね、言論・出版問題で一番の間違いは、田中角栄に藤原弘達を説得してくれるよう頼んだことだと思うんですよ。田中角栄を引っ張り出さなければ、あの本は注目されずに終わっていたはず。なのに、田中角栄に頼んじゃったから、野党が大騒ぎして、数十万部も売れちゃったわけですよ。問題に火をつけたのは、実は公明党や創価学会の一部幹部なんじゃないですか？

原田　藤原弘達は、あの本に限らず、学会員が信じているものを侮辱し、馬鹿にしていましたから、憤りを覚える人がいたことは、ある意味で当然だったと思います。ただ当時は、批判に対してあまりにも敏感すぎたかもしれません。その意味でいえば、まだ創価学会には未熟な部分がありました。

田原　誰もが、これで創価学会は衰退すると考えましたが、そうはならなかった。その原因は何であると、原田さんは考えますか？

原田　言論・出版問題はじめ、第一次宗門問題、第二次宗門問題と、私自身、現場に身を置いていましたので、よく覚えています。それぞれまぁ、超弩級（ちょうどきゅう）の衝撃でしたよ。特に言論・出版問題のときは社会全体から袋叩きにあい、国会でも追及されましたからね。そして、第一次宗門問題では、池田名誉会長がすべてを包み込んでくださいました。実は、名誉会長は以前から、ときが来たら、いつかは後進に道を譲るつもりだと周囲に漏らされていました。第一次宗門問題で自ら辞任され、身を挺して創価学会を、そして学会員を守ってくださいました。第二次宗門問題では、宗門が創価学会の命脈を絶とうと、さまざまな謀略をめぐらせてきましたが、ご存じのとおり大失敗しました。そこから創価学会がどう立ち上がってきたかということは、田原さん自身が取材された中でたくさん聞いていらっしゃることと思います。

田原　えぇ、いろいろ話を聞きましたが、中でも印象的だったのが、婦人部の方が言った、「みんなが池田先生を信頼したからだ」という話ですね。

原田　そうです、そのとおりです。池田名誉会長と学会員との間に、強い師弟の絆があったからなのです。

田原　リーダーシップに引っ張られたわけじゃない、池田さんという人間を信頼したからだと言うわけですよ。

原田　まさにそのとおりです。言論・出版問題について国会で追及され、証人喚問に呼ばれそうだという話が出ましたが、それに対し名誉会長は、「私は逃げも隠れもしない、いつでも出ようじゃないか」という構えでした。当時、神奈川に創価学会の研修道場がありまして、池田名誉会長は少々体調を崩していたために、そちらで体調を整えながら仕事をされていたのです。ところが、証人喚問の話を聞いた途端、これからすぐに東京に帰って、私はそこ（国会）に出る準備をするからとおっしゃり、出発されました。それが夜中の12時頃でした。当時の交通事情から、東京に着いたのは夜中の3時ぐらいだったでしょうか。そのとき私は東京の創価学会本部で勤務していましたので、あのときのことは、今でもよく覚えていますよ。池田名誉会長は、証人喚問で何を追及されようが、正々堂々と答えていけばいい、いつでも出て行こうじゃないかと、まさに獅子王の振る舞いでした。その池田名誉会長が最も憤激（ふんげき）したのは、創価学会の婦人部を侮辱し、卑しめるような発言をしたことです。そのことについて、池田名誉会長がものすごく怒った。「これはとんでもない！」と、一番憤激されました。大変に悔しいと、当時語っていたことをよく覚えています。あのときの名誉会長の心情を思うと……。

　そこまで言うと、原田は言葉を詰まらせた。おそらく当時のことを思い出したのだろう。すでに50年近く前の出来事であるにもかかわらず、原田にとってはまるで昨日のことのようによみがえってきたのかもしれない。それだけ印象深い出来事だったのだろう。

　言論・出版問題をはじめいくつもの試練を乗り越えられたのは、池田と自分との間に強い絆があったから、池田を心から信頼したからだと、婦人部の誰もが口をそろえてそう言ったわけが、この原田の話を聞いて改めて腑（ふ）に落ちたような気がした。池田と学会員の結びつきは、私たちの想像以上に堅固なもののようだ。そこで、私はもう少し池田について原田に問うことにした。

田原　原田さんは秘書として池田さんに仕えていたと聞きましたが。

原田　そうです、8年間、秘書として池田名誉会長の側にいました。そこで教わった中で、一番心に残っているのは、「臨終只今（りんじゅうただいま）」という、池田名誉会長の生き方です。臨終とは、皆さんご存じのように死の間際のことです。「臨終只今」とは、「今、臨終を迎えても悔いがない」との覚悟で、一瞬一瞬を懸命に生きていくことを表しています。つまり、誰に会っても、自分の人生で、その人とは、もう二度と会えないかもしれないという決意を持って人と接し、人を激励していかなければならないということを意味しています。これが池田名誉会長の信念であり、哲学です。名誉会長はそれを常に実践されている。だから説得力があるのです。

そう言って、原田はあるエピソードを紹介してくれた。池田が、作家の松本清張と対談するため京都を訪れたときのことだった。池田たちが乗った車が赤信号で停まっていると、たまたま隣に2人の少年が乗ったオートバイが停車した。彼らは池田に気がつき、「先生！」と呼びかけ手を振ったという。しかし、すぐに信号が青に変わり、池田の車も少年たちのオートバイも、それぞれ発進した。

目的地に到着した池田は原田に、「さっき信号の所で声をかけてきた2人の少年たちをなんとか捜せないか」と話した。原田は困惑したという。京都市内で名前もわからない少年2人など、捜しようがない。しかし名誉会長の強い思いでもある。難しいとは思いながら、数名の学会員の助けを借りて捜しはじめた。すると、夜9時過ぎになって、なんと2人の少年の名前と住所が判明したのだ。名前がわかるとすぐ、池田は手元にあった著書に署名をして2人に贈ったという。

原田　2人は京都の夜間高校に通う生徒でした。2人とも、大変に感激していましたね。その後、京都と東京の大学にそれぞれ進学しましたが、就職して最初の給料で池田名誉会長に万年筆をプレゼントしたのです。池田名誉会長は、そのことを非常に喜び、さっそく2人に会い激励されました。そのとき、私が池田名誉会長から言われたのは、「あのオートバイですれ違った2人の少年をそのままにしておいたら、もう二度と会うことはできない。捜し出して激励するというのが、私の生き方なんだ」と。これを忘れてはいけないよと言われ、あぁ、これが臨終只今という生き方なんだと実感したのです。今でも思い出す、とても印象的な出来事でした。

田原　池田さんは怖かったですか？

原田　それはもう怖かったですよ。何度怒られたことか（笑）。もう、年がら年中怒られていました。それこそ箸の上げ下ろしから、外部の方とお会いするときの足の置き方が悪いとか、細かなことでもよく怒られました。当然、その都度、反省し理解するよう努めてきました。今、会長になって、人のことを見るようになると、確かに名誉会長の言われたとおりだなと納得できるのです。今は改めて感謝しています。それに、単に怖いだけではなく、叱責の中にきめ細やかさが感じられるといいますか、人の心を完全につかんで離さない、そういう魅力が池田名誉会長にはあると思います。

政治進出における権力志向を問う

田原　1964（昭和39）年には公明党が結党、1967（昭和42）年には衆議院選挙で25人を当選させました。創価学会が政界に進出したのはどうしてですか？

原田　日蓮大聖人の仏法、したがって創価学会が他宗とどう違うのかということにも密接に関係しますが、日蓮大聖人の教えである立正安国を叶えたかったからです。「立正」とは、人々が人生の拠りどころとして正法を信ずることであり、また、仏法の生命尊厳の理念が社会を動かす基本の原理として確立されることです。「安国」とは、社会の平和・繁栄と人々の生活の安穏を実現することです。つまり、自らの幸せを願うとともに、他者も社会もともに良くしていきたいという考えに基づいて、政界に人材を輩出したのです。

田原　それなら、別に政党を持つ必要はないじゃない？

原田　政治や経済などさまざまな世界に、創価学会の信仰を持つ人がどんどん出て行けばいいというのが当時の戸田会長の考えでした。１９５５（昭和30）年、政界が腐敗している状況のなか、浄化するため、どんどん政界に出て行こうじゃないかということでスタートしたわけですが、そのときは、信仰を持っていれば、自由民主党でも日本社会党でも、どの党からでも構わないとされていました。我々の原点はそこにあるのです。ところが、数もある程度増えてきましたし、せっかく政界に進出して活動するなら、一つのまとまりがあったほうがいいのではないかという判断のもと、公明政治連盟が結成され、公明党が誕生し、国民政党としての公明党の活躍があったわけです。ご承知のとおり、洋の東西を問わず現代の政治は、政党を活動単位とする「政党政治」の時代ですから。そして現在、公明党は連立与党となっております。

田原　そこがわからない。立正安国という信念を持ちながら、どうして日本の政党で一番腐敗している自民党と連立するんですか？

原田　国民の生活と繁栄、政治の安定と改革のために公明党は自民党と連立を組んだのだと思います。連立することで、庶民目線を政治に反映させ、また、政界を浄化させることを目指したのではないでしょうか。

田原　全然浄化できてないじゃない。どうして、そんな自民党とくっついているんですか？

原田　おっしゃられることは、よくわかります（笑）。確かにいろいろ批判はあるかもしれませんが、より一層国民の理解を得られるように、自民党に対してもときに鋭く対峙してもらいたいし、そういう政治活動を行なってほしいという願いがあるのです。日本の社会や経済が今後より良く発展していくためには、まず政治を安定させなければいけません。そのためには公明党の力も必要であると考えています。もし、連立から外れることになれば、これはまた大きな波紋を巻き起こしますし、そもそも外れることが果たしていいことなのかどうか、その辺は、かなり慎重に考えながら進めてもらいたいと思います。

田原　自民党と公明党との一番の違いはどこにありますか？

原田　公明党の目線は常に庶民に向いています。自民党と社会党という二大政党が議会で対立しあっていた、いわゆる55年体制において、未組織労働者の方たちが大企業と労働組合の間で埋もれていました。１９６４（昭和39）年に公明党が結党されたことで、彼らを中心とする庶民に光を当てたということが非常に大きいと思います。

田原　原田さんはそうおっしゃいますが、世の中には、創価学会は政治に対し権力志向を持っているんじゃないかという見方もありますよ。わかりやすく言えばね、公明党から首相を出そうとするのがよくないんじゃない？

原田　いやいや、公明党が出せるようになれば、すごいことですが（笑）。

田原　首相を出そうとは思わないまでも、権力を取ろうとするのはよくない。

原田　権力を握るために公明党が連立政権に参画したわけではないはずです。そこはよく誤解をされるところですので、ぜひ理解していただきたいと思います。仏法では、権力というのは、「他化自在天（たけじざいてん）」、つまり他人を自らのほしいままに動かす、操る力だと位置付けています。日蓮仏法では、そうした権力にのみ込まれず、あるいは、その下僕（げぼく）となることなく、仏教の理念に基づいて民衆の幸福と国土の安泰を目指すべきであると説いています。創価学会は初代、第2代会長が戦時中、軍部政府の弾圧を受け、投獄されました。初代会長は獄死。第3代の池田会長に対しても「大阪事件」という権力の弾圧がありました。創価学会はそうした権力の魔性に屈せず戦ってきた歴史があります。それが我々の民衆運動の原点です。権力をより良い目的のためにつかい、民衆本位のものに転換することが重要であると説いているのが仏法です。そのため、権力との間で緊張関係を保つことが重要であると常に心しています。各種調査を見るかぎり、現在、国民世論は自公連立を一番評価しているのではないでしょうか。各界の首脳の方にお会いすると、「自民党だけでは心配です。公明党がいたほうが安心です。公明党に頑張っていただきたい」という声をかけていただきますし、そうした期待の声は年々大きくなっています。政治は現実です。口先だけでなく、どうより良い方向に政策を実現していくかです。公明党には連立政権の一角を担って、国民本位の政治を実行していってほしいと思います。

田原　僕はね、公明党代表の山口（那津男）さんとわりに親しくしていて、ついこの間も会ったんだけど、そのとき言ったの、最近、緊張関係がなくなっているじゃないかって。

原田　そうは思いませんが、今度会うことがあったら、田原さんがそうおっしゃっていたと話しておきます（笑）。

田原　安保関連法案までは公明党はよく頑張った。共謀罪はちょっと妥協しすぎだよ。

原田　いやいや、「テロ等準備罪」法は、施行にあたって捜査権限が濫用されることのないよう、公明党がしっかり申し入れ、法務省と国家公安委員会も適正捜査の確保に万全を期すことを表明しています。濫用については我々も当然あってはならないと思っています。その点は今後しっかり見ていくつもりです。

田原　権力志向と同時に、政教分離についてもよく取り沙汰されますよね。僕は公明党と創価学会の間に政教一致は存在しないと捉えていますが、この件に関し、会長は学会員にどう説明されていますか？

原田　これはもう、何度も口を酸っぱくして言っていますが、日本の憲法で定められている政教分離というものは、国家が宗教に介入してはならないということを定めているんですね。憲法の政教分離の原則は、欧米の歴史を踏まえた上で、戦前戦中の国家神道を国策とした政府による宗教弾圧の歴史の反省の上に立ち、「信教の自由」を保障しようとしたものにほかなりません。決して、宗教団体の政治活動を禁止しているわけではありません。

田原　その上で、今後も選挙に力を入れていかれるわけですが、結党当時から貫いてきた庶民目線を守り、その声を政界に届けたいという思いは一貫して変わらない？

原田　もちろん「立正安国」という理想を実現しようという思いが一番です。それと同時に、自発的に、手弁当で応援している熱心な学会員の方々の心情を思うと、取り組んだ以上は、やはり勝たなきゃいかん、勝つためには何があっても頑張ろうと思うわけです。手弁当で応援してくれる学会員を失望させてはいけない、そういう思いも強くあります。そして、公明党は、日本のため、国民のため、支持者の期待に応えて全力で働いてもらいたいと考えています。

世界の若者はなぜ創価学会に惹かれるのか

田原　海外での活動について聞きたいんですが、今、創価学会の会員が海外で非常に増えているそうですね。特にキリスト教社会で増えていると聞きましたが、それには何か理由があるんですか?

原田　入会の動機は国により、また人によりさまざまでしょうが、キリスト教社会の会員には、キリスト教の長い歴史の中で、一神教ということからくる、ある種の限界というものを感じている人もいたのではないでしょうか。

田原　どういう限界ですか?

原田　自分の運命は変えられないという、運命論的なものに縛られてしまうことです。

田原　つまり、前世が悪いから今が悪い。それはもう仕方がないから諦めるという?

原田　そうです。自分の運命は一つの神によって定められているということに対する限界ですね。でも、創価学会の教えはそうではありません。自分の宿命を使命に転換できる、そういう力が、この信仰にあるんだと多くの人が気づいたわけです。

田原　宿命を使命に変える？

原田　そうです。まさに「人間革命」です。これにキリスト教社会の、特に現状を変えたいと願う若者たちは、大いに心を惹かれたのではないでしょうか。

田原　この「人間革命」を主張しているのは創価学会だけですか？

原田　そうですね。他の宗教ではありませんね。

田原　キリスト教ではね、神が人間をつくったといわれるけど、なんで神は人間をつくるときに悪人をつくったんでしょうね。悪人をつくることに、どういう意味があったと考えますか？

原田　キリスト教社会で創価学会に入会する人は、まさにその矛盾に行き当たるようです。神がつくったはずなのに、なぜ悪人が存在するのか、なぜ戦争が起きるのかと。キリスト教の説明に満足できずに、そこから創価学会へ入会する人も多いと聞いています。

田原　人間をつくる、ということに関連して言えば、僕が大きな問題だと思うのは今、ゲノム編集が可能になってきたといわれていますよね。遺伝子情報を自由に操作し、人間が望むとおりの生物をつくり出すことができる。この研究が進めば、いずれ人間にも応用することが可能になり、もしかしたら親が頭のいい子どもを望めば、遺伝子情報を操作し、それを叶えることもできてしまうかもしれない。これはナチスが主張していた優生思想にもつながりかねない、大きな危険をはらんでいると思いますが、創価学会はどう捉えますか?

原田　そこは医学の倫理性というものが強く求められると思います。医療現場の人も、科学者も哲学者も宗教者も市民も、皆が知恵を出しあって、徹底した議論を尽くしていくことが必要なのではないでしょうか。先ほどのキリスト教社会からの入会の話に戻りますと、仏法の教えの中に「願兼於業」という考え方があります。これは、〝菩薩は衆生を救うために、自ら願って宿業を背負って濁世に生まれてきた〟ということを意味しています。人間は生まれながらにして、ある境遇を持っています。そのために、悩み苦しむことがある。そのときに、運命は自らに与えられたものだから諦めるということではなく、その運命のもとで前向きに強く生きていく。それがその人が自ら定めた使命なのだという考え方です。さらに、そうやって生き抜くことが、自分はもとより、他の誰かの希望にもなっていくのです。私は、この「願兼於業」がこれからの時代、とても重要な教義になっていくと思います。特にキリスト教社会で暮らす青年たちは、「願兼於業」について、非常に興味を持ちますね。

田原　どのように説明するんですか？

原田　自らに与えられた境遇を、諦めてはいけない。それは信仰を持つことによって、いくらでも転換していけるのだと説きます。同時に、与えられた条件の中で信仰の素晴らしさを証明していくことも、「願兼於業」の生き方であると。だから、現状を諦めるのでもなく、肯定するのでもない。まさに今いる現状の中に、その人自身の使命があるのです。さらに、もう一歩進んでいえば、その現状を変えていくこともできる。このように三段階にわたって展開していきます。

田原　それは、皆さん理解できますか？

原田　できます。イタリアの会員などは深く理解しています。イタリアはヨーロッパの中でも創価学会の活動が活発なんですよ。

田原　どうしてイタリアは、そんなに発展しているんですか？

原田　1981（昭和56）年、池田名誉会長がイタリアを訪ねた折、今のような話も含めて、イタリアの青年学生を中心に、膝詰めでさまざまなことを懇談しました。その青年たちの多くが、ちょうど日本で学生運動が起こったように、世界的にスチューデントパワーが吹き荒れ、なおかつそれに挫折した学生たちでした。彼らはキリスト教では得られなかった、日蓮仏法の持つ素晴らしさを実感したのでしょう。イタリア創価学会は2015（平成27）年にイタリア共和国政府との間で「インテーサ」と呼ばれる宗教協約を結びました。これは宗教団体として国家に公認されたことを表すもので、今後ますますの発展が期待されています。

田原　そうなると、いずれ海外の創価学会も日本のように政界へ進出するのでは、という声も聞こえてきますが。

原田　いいえ、海外では政治に進出しません。日本の場合は、戦後の社会状況や、創価学会がたどってきた歴史などを含め、戸田会長が政治進出を決断しました。しかし海外においては、いっさい政治にはかかわらないということを明確に決めています。

田原　どうして政治にかかわらないんですか？

原田　学会員一人ひとりがより良い社会の実現を目指して、個人の政治観に基づき、個人の責任において行動していくのが日蓮仏法における本来の姿です。そのため、各国で政党をつくり、政治に進出する必要はなく、また、そうするつもりもありません。日本の場合には、戦中に創価学会が軍部政府からの大弾圧を受け、壊滅的な打撃を受けたことから民主主義の基本である信教の自由を守りたい、そして、二度と日本に侵略戦争を起こさせてはならないという考えに基づいて、政治の分野への人材輩出を決断したという経緯があります。しかし、それは海外の創価学会の活動にあてはまるのではありません。

田原　そうですね、よくわかりました。

公の場から姿を消した池田大作

田原　原田さんは2006（平成18）年に、第6代会長に就任されましたが、会長の役割は何であると捉えていますか？

原田　創価学会の会長は、広宣流布の永遠の師匠である「三代会長」の精神を継承し、その指導、および精神に基づいて創価学会を運営していく責任を担う立場だと自覚しています。まず創価学会においては、牧口、戸田、池田という三代会長が命を懸けて広宣流布を行ない、推進してきた歴史があります。私は第6代会長として、広宣流布における永遠の師匠である三代会長の精神を継承し、学会員を守ることに徹する、これが会長としての重要な役割であると捉えています。池田名誉会長は、私が会長に就任する際、「君は偉くなったんじゃないよ」とおっしゃいました。会長の重要な仕事は会員を守ること、決してそれを忘れてはいけないと。会則などには、会長の役割や使命といった事柄が書かれていますが、それ以上に大切なのは、広宣流布の永遠の師匠である三代会長の精神を間違いなく継承し、自らも命懸けで広宣流布に邁進することと、なおかつ会員を守ることに徹していく、それが役割であり、使命であると捉えています。

田原　その池田さんは、2010（平成22）年6月以降、幹部総会など公の場には出られていませんが、特に体調を崩されているというわけではないんですよね。

原田　もちろん、お元気ですよ。いまは執筆などを主な活動とされています。

田原　なぜいっさい表に出なくなったのでしょうか。

原田　2010（平成22）年当時、池田名誉会長は、「私はここまでやった、これからは弟子の君たちが責任を持って広宣流布を推進する時代がきているんだ」とおっしゃいました。大きな会合や衛星中継のような場には出ないので、君たちが責任を持ってやるんだと。

田原　会長就任から50年という、節目の年に表に出ることをやめたのはなぜですか？

原田　池田名誉会長は、常にご自身の広宣流布の戦いを後継の同志がいかに受け継いでいくか、つまり自分なき後ということを意識されていました。私が秘書として仕えていた時代、１９６７（昭和42）年から１９７４（昭和49）年あたりの段階でも、ご自分が会長を辞めた後、創価学会はどう進むべきなのか、ということを常に念頭に置きながら指揮を執っていらっしゃいました。会長職を後継者にスムーズに譲るにはどうすべきか、これが池田名誉会長にとって最大の課題で、最も心を砕いていたことだと思います。２００６（平成18）年に私が会長に就任し、しばらくの間は新しい体制を見届けてくださり、２０１０（平成22）年6月、「これからは君たちが責任を持ってやっていくように」とおっしゃり、公の場には出ないことを決心されたのです。

２０１０年当時、池田は82歳。高齢とは言え、まだまだ元気であったと創価学会幹部は皆口をそろえる。それでも一線から退く決意をしたことに、私は池田の覚悟と後継者への深い愛情を感じる。もし池田がずっと現役のまま指揮を執り続け、ある日突然体調を崩し、表に出られないような状態になって一線から退いたら、学会員たちはどう考えただろうか。池田のことがひたすら心配で、後継に就いた会長のことなど目に入らないかもしれない。

しかし、たとえ表には出なくても池田は元気であり、どこかでしっかりと自分たちを見守っていてくれると思えば、学会員たちは安心して新会長についていくことができる。原田が会長に就任した際、池田が「会員を守ることに徹せよ」と語った、その言葉を池田自身が実践した結果の決断だったのだろう。

田原　名誉会長になられ、しばらくの間、池田さんは相当お忙しかったと思いますが、趣味などはあったんでしょうか？

原田　「趣味」というと語弊がありますが、写真をお撮りになります。名誉会長は写真を撮られることに対し、「余暇というより、戦いだ」とおっしゃったこともあります。国内はもとより、世界中どこへ行かれても、移動の車中やわずかな合間に、カメラをとおして、あの地この地の会員を思い、励まそうと、シャッターを切っておられます。若い頃は健康維持も兼ねて、卓球に精を出されていたこともあります。池田名誉会長はお酒を全く召し上がらないんです。１９７４（昭和49）年に初めて訪問して以来、何度か中国を訪れていますが、あちらでは食事の際、何度も乾杯をするのです。その度に池田名誉会長は、同席した私を指して「あいつが代わりに飲みますから」とおっしゃるので、私がいつも飲む役目でした。おかげでやむを得ず強くなりました（笑）。今ではいい思い出です。

田原　最後にお伺いします。今後の課題についてはどうお考えですか？

原田　やはり後継の青年たちの育成の問題でしょうね。今は未来部を中心とする青年層をどのように育成するかに重点を置くべきだと考えています。同時に肝に銘じているのは、官僚主義に陥らないようにすること。これが組織を腐敗させる一番の原因になると、池田名誉会長は常におっしゃり、徹底的に排撃していました。それが一人ひとりを大切にするという池田名誉会長の哲学につながっていくのです。長寿社会においては、我々は「生きる」という、根源的な問題に向き合っていかなければなりません。そのときに必要なのが「仏性」であると、日蓮仏法では説いています。先にもお話ししましたが、日蓮大聖人は、すべての個人に「仏性」というものがあり、それを最大限に発揮することが大切だと説きます。その上で可能性を探りながら、人間の内面にある善性を開発していくことの大切さを多くの人に伝えること。それらを社会の平和や人々の幸福に結びつけていく、そのための努力を今後も続けていきたいと思っています。

池田は語った「迫害は偉大な名誉だ」

ここで私の最初の疑問に戻ろう。なぜ創価学会は、数々の苦難に直面しながらも衰退の危機を乗り越えることができたのか。

これまで見てきたように、創価学会は常に社会から激しい批判を浴び、また強い好奇の目を注がれながら歩んできた。宗門と一再ならず対立し、宗教団体としての存亡の危機に瀕したこともある。しかし、数十年かけて発展的に乗り越えた。また、政治的にも与党や野党から厳しいバッシングを浴びながら、現在は連立与党の一角を占めている。困難にぶつかるたび、創価学会は間違いなく強くなり、発展してきたといえるだろう。

その理由として、やはり池田大作という類い稀な指導者を得たということ、そして池田と学会員との〝師弟〟と呼ばれる強い心の結合があったことが挙げられるだろう。

さらに学会員が権威や権力にひるむことなく、正しいことを正しいと言い切る勇気を失わなかったこと、などだろう。池田は2018年に90歳の卒寿（そつじゅ）を迎えた。創価学会は今、池田をはじめとする三代会長の精神を継承することに全力を注いでいる。

私は池田が第二次宗門問題で破門宣告を受けた後、ある雑誌でインタビューを行なった。そのとき彼は次のように語っていた。

田原　なぜそんなに創価学会は妬まれ、反発を食うんでしょう。

池田　日蓮大聖人もそうでした。釈尊も、法華経を広めれば「悪口罵詈（あっくめり）」されると説かれている。（中略）経文どおりに行じている証拠です。世界を見ても、ユダヤ教でも、キリスト教でも、イスラム教でも、想像を絶する迫害を受けてきています。（後略）

田原　八〇〇万世帯という巨大宗教団体だから、反発を食うわけですね。

池田　そうでしょう。（中略）迫害は偉大な名誉であると仏法は説いている。叩かれないで、偉大な歴史を残した勇者は一人もいないでしょう。

（「中央公論」1995〈平成7〉年4月号）

仏法を実践する者に迫害が起こることは法華経に説かれたとおりであり、避けられないものだというのだ。さらに、「迫害は偉大な名誉だ」とまで語っている。確かに創価学会の苦難の歩みは、法華経と日蓮の教えに忠実であろうとして、あえて呼び起こしたものであったようにも見える。数々の迫害が創価学会を鍛え上げ、強くしたともいえるだろう。

こうして創価学会は障害を一つひとつ乗り越え、日本社会で着実に根を張ってきた。次の目標として世界宗教を視野に入れている。これは日本の宗教としては、どの団体もなし得なかった前人未到の領域に踏み込むことである。創価学会は歴史的な挑戦を始めているのだ。恐らく今後の歩みは、日本における広宣流布の歴史以上の困難を伴うものだろう。しかもその挑戦は、まだ始まったばかりである。世界広宣流布に挑戦し続ける創価学会がどこに向かうのか。池田が育ててきた弟子たちの動向に、これからも注目していきたい。

〈解説〉

「創価学会会憲」の制定

２０１７（平成29）年9月、創価学会は「創価学会会憲」を制定した。これは、牧口、戸田、池田の三代会長の指導・精神を根幹とし、それを正しく継承し発展させていくために創価学会の根本的規範を明文化したものである。創価学会の根本規範であり、世界教団としての創価学会の統一的なルールとされる。これにより、創価学会は宗教的な同一性（教団の名称、教義などが同一であること）を維持しながら、教団としての基本的な部分での統一的な運営が可能な盤石な体制を整えた。創価学会会憲は、創価学会の憲法とも呼べるもので、創価学会の最高法規として、全世界の創価学会の団体と会員に適用される。

創価学会会憲は前文と15条の本文からなる。前文では三代会長の広宣流布における偉大な事績を創価学会の不変の規範とすること。さらに、三代会長の指導及び精神を創価学会の永遠の根幹とし、宗教的独自性を明確にすることを謳っている。また、本文には、名称、教義、三代会長、目的、構成にはじまり、創価学会総本部、広宣流布大誓堂、名誉会長、会長の位置付けなど、創価学会の根幹をなす世界共通の事項が明記されている。併せて、世界教団の運営に関する事項や、会憲が根本規範・最高法規であることについても明記されている。

これにより、世界教団である創価学会に、各国の創価学会の組織も所属することと、さらにSGI（創価学会インタナショナル）が創価学会の国際的機構であることが再確認された。池田は「三代会長」という創価学会における最重要地位にあると同時に、全世界の会員に対して信仰指導する世界教団創価学会の名誉会長という立場におかれている。

おわりに

私は長年、創価学会に強い関心を持ち続けてきた。しかし、創価学会を取材して一冊の本にまとめることに対してはずいぶん躊躇した。私は特定の宗教の信者ではないが、無神論者ではない。だから、宗教に対しある程度の理解は持っているつもりだ。同時に、宗教にはいくつもの問題が存在することも知っている。

オウム真理教やイスラム教の一派の中には、人を殺めることを正当化する教義もある。それは、もちろん認められるものではない。しかし、信者たちは自分が信心する宗教こそが正しい、他の宗教は間違っていると捉えるのが一般的ではないのか。信仰心が強ければ強いほど、他宗を認められなくなるのではないのか。

こうして、信者たちは他宗を邪教と捉えるようになっていく。そして、自分たちの教義を守るべきだとの思いが強まるほど、邪教である他宗を排除したくなるのだろう。

ある時期までの創価学会も、このパターンに陥っていた。だが、他宗を一切認めないという立場を貫けば、いかに大きな宗教集団といえども孤立する。しかも、それを乗り越えるのは至難の業である。

当然、民主主義国家では生きにくくなるだろう。なぜなら、民主主義とは自分の意見は持ちつつも、異なる意見を認めることで成り立つからである。だから、宗教と民主主義は相容れないのではないかと私は感じていた。公明党が結党し、政界に進出したときにも、創価学会はこの矛盾にどう対処するのかと案じたものだ。

だが、池田大作氏は宗教における〝排除の壁〟を見事に乗り越えた。どのような宗教も決して否定せず、他宗の信者たちともコミュニケーションを図り、信頼し合うことに成功した。この一点だけでも、私は池田氏を高く評価している。

これは、どの宗教にも成し遂げられなかったことであり、私はそこに創価学会のすごさを感じるのである。結果として現在、創価学会は世界192カ国・地域で活動を行ない、公明党は自公連立政権として政治の中枢を担う、重要な役割を果たしている。

取材・執筆に際し約3年という長い時間を要したが、このような結論に達することができたことは大きな収穫であったし、創価学会について新しい発見や考察をすることができた。

最後に、本書執筆にあたり、創価学会副会長の岡部高弘氏はじめ同会の皆様、毎日新聞出版図書第二編集部編集長代理の峯晴子氏と同社の皆様、そして編集協力者の阿部えり氏に大変お世話になった。心から御礼を申し上げる次第である。

2018年8月

田原総一朗

本作品は２０１８年9月、小社より単行本として刊行されました。
登場する組織名、人物の年齢、肩書等は当時のものです。

田原総一朗（たはら・そういちろう）

1934（昭和9）年、滋賀県生まれ。1960年、早稲田大学卒業後、岩波映画製作所に入社。1963年、東京12チャンネル（現・テレビ東京）に開局の準備段階から入社。1977年、フリーに。テレビ朝日系「朝まで生テレビ！」「サンデープロジェクト」でテレビジャーナリズムの新しい地平を拓く。1998年、戦後の放送ジャーナリスト1人を選ぶ城戸又一賞を受賞。早稲田大学特命教授と「大隈塾」塾頭を務めた（2017年3月まで）。「朝まで生テレビ！」（テレビ朝日系）、「激論！クロスファイア」（BS朝日）の司会をはじめ、テレビ・ラジオの出演多数。著書に『脱属国論』（井上達夫氏、伊勢﨑賢治氏との共著）『公明党に問う この国のゆくえ』『今こそ問う 公明党の覚悟』（山口那津男氏との共著）『堂々と老いる』（いずれも小社）、『戦後日本政治の総括』（岩波書店）、『日本人と天皇 昭和天皇までの二千年を追う』（中央公論新社）、『日本の戦争』（小学館）ほか多数。

毎日文庫

◆◆◆◆◆◆◆◆◆◆◆◆◆◆◆◆◆◆◆◆◆◆◆◆

創価学会（そうかがっかい）

印刷　2022年7月20日
発行　2022年7月30日

著者　田原総一朗（たはらそういちろう）
発行人　小島明日奈
発行所　毎日新聞出版
東京都千代田区九段南1-6-17 千代田会館5階
〒102-0074
営業本部：03(6265)6941
図書第二編集部：03(6265)6746
ブックデザイン　鈴木成一デザイン室
印刷・製本　中央精版印刷
 ISBN978-4-620-21047-6